Please
Leave Your World Here

Ayurveda

FOTOGRAFIEN Constanze Wild
TEXTE Michele Volkhardt

Die reise zum selbst

Die Reise zu sich selbst ist ein wesentlicher Aspekt eines Ayurveda-Aufenthaltes im Kalari Kovilakom. In diesem großzügigen und weitläufigen Königspalast aus dem Jahre 1890 bildet das Wissen vom Heilen mit den äußeren Rahmenbedingungen eine Einheit. Das Kalari Kovilakom – aus dem Sanskrit übersetzt „Schule in einem Palast" – mutet an wie ein Ayurvedakloster. Dies liegt zum einen an der Atmosphäre des Friedens, der Stille, der Klarheit und Disziplin, die hier spürbar ist, und zum anderen an der Symbolkraft des Eingangstores, welches nach dem Eintreten geschlossen wird. Erst nach Beenden der Ayurvedakur öffnet sich das Tor wieder. Das einfache Holzschild nahe der Rezeption mit der Aufschrift „please leave your world here" macht deutlich, dass es spätestens jetzt an der Zeit ist, allen unnötigen Ballast abzustreifen. Unterstützt wird diese Aufforderung durch weiße Baumwollanzüge, die jeder Gast in seinem Zimmer vorfindet und für die Dauer seines Aufenthaltes trägt. So fällt es leicht, keinen Gedanken mehr an Kleidung und äußere Dinge zu verschwenden und sich ganz entspannt und unbeschwert auf den Rhythmus des ayurvedischen Tagesablaufes einzulassen.

In den geschützten Mauern des Kalari Kovilakom wird der Mensch ganzheitlich betreut, behandelt und unterrichtet. In täglichen Gesprächen mit dem Arzt und in entsprechenden Anwendungen steht das Gesundsein und Gesundwerden an erster Stelle. Durch die klösterliche Disziplin und die Rahmenbedingungen fällt es demjenigen leicht, der sich darauf einstimmt, in das eigene Sein einzutauchen, und sich mindestens zwei Wochen Zeit nimmt dafür, grundsätzlichen Fragen des Lebens zu begegnen wie: „Ist mein Handeln förderlich?" oder „Was ist mir im Leben wichtig?". Wer sich darauf einlässt, findet hier Antworten. Antworten, die in uns verborgen liegen. Und sobald wir uns die Möglichkeit geben, in der Ruhe unserem Selbst zu begegnen, tauchen sie aus dieser Stille wie von alleine auf. Begegnen Sie den täglichen Abläufen und Ritualen des Kalari Kovilakom und genießen Sie die Einblicke in Traditionen und Festivitäten der indischen Kultur.

Constanze Wild

A journey to the self

The journey into one's self is an essential aspect of a stay in the Ayurveda Resort Kalari Kovilakom. In this spacious and lavish king's palace constructed in 1890, the knowledge of healing and the general atmosphere contribute to the creation of a sense of unity. The Kalari Kovilakom – meaning „school in a palace“ in sanskrit – has the appearance of an Ayurveda monastery. On the one hand this is generated by the peaceful atmosphere, the silence and the clarity and the discipline that one senses, on the other hand by the symbolic power of the portal, which after being entered, is closed. The door is opened again only after the Ayurveda cure is completed. The simple wooden sign next to the reception desk with the inscription „please leave your world here“ makes it clear, that now at the latest, it is time to rid yourself of all the unnecessary ballast. This request is supported by white cotton suits that are provided in every guest's room, which will be worn for the duration of the stay. This makes it much easier by not having to waste time thinking anymore about what choice of clothing to wear or other extraneous things, and to simply relax and light-heartedly enter the daily rythm of Ayurveda.

Behind the protected walls of the Kalari Kovilakom, a person is looked after holistically, treated and instructed. Of most importance to ‚being healthy' and ‚becoming healthy' are the daily dialogue with the doctor and the corresponding applications. Through the cloister like discipline and the basic living conditions, it is easy for the one who tunes in, to immerse into his inner self, provided that he allows at least two weeks time to confront the basic questions of life, like: „are my actions beneficial?“ or „what is important for me in life“. Whoever leaves oneself open to these questions, will find the answers here. Answers that lie hidden in ourselves. And as soon as we find our inner peace, the answers will emerge out of the silence on their own. Experience the daily order of events and rituals at the Kalari Kovilakom and enjoy insights into the traditions and festivities of the Indian culture.

Constanze Wild

Kerala liegt im Südwesten Indiens, eingebettet zwischen dem Meer auf der Westseite und der Bergkette der Ghats auf der Ostseite. Die Ghats fangen die jährlichen Monsunregen auf und machen diesen schmalen Streifen Land zum wasserreichsten und fruchtbarsten Indiens. Kerala ist das Land der Kokospalmen und Bananen, der Flüsse und Reisfelder, der Gewürze, der Elefanten. Zwischen den Bergen lässt eine natürliche Öffnung, der Palakkad Gap, die Winde und den Regen einströmen. Die ganze Gegend ist bekannt als der Getreidespeicher Keralas. So weit das Auge reicht sehen wir das satte Grün der Paddyfelder und die bunten Farbtupfer der Menschen, die den Reis anpflanzen.

Kerala is situated in the southwest of India, nestled between the sea on the west and the Western Ghat Mountains on the east. The yearly monsoon rain drenches this small strip of land, turning it into one of the most fertile areas in India. Kerala is the land of coconut palms and banana trees, rivers and rice fields, spices and elephants. The winds and rains rush through the Palakkad Gap, a natural opening between the mountains. The entire area is recognized as the granary of Kerala. Green paddy fields stretch out over the land as far as the eye can see, colourfully sprinkled by people planting rice.

Die kleine Stadt Kollengode liegt in der Nähe von Palakkad und ist seit Generationen der ursprüngliche Sitz der Rajahs von Vengunad. Der Name Kovilakom ist eine Kombination alter dravidischer Wörter und bedeutet „Bleibe des Königs“. Das Palastfenster zur Straße besteht aus buntem Glas und erlaubt dem Passanten, das faszinierende Innenleben des Kalari Kovilakoms durch ein diamantförmiges Guckloch zu betrachten. Eine Steinstufe lädt dazu ein und niemand stört sich daran, wenn ein Einheimischer sich auf die Zehenspitzen stellt und den Einblick in sein geschichtliches Erbe genießt.

The small township of Kollengode is located close to Palakkad and has been base of the Vengunad Rajahs for generations. The name Kovilakom is derived from a combination of old Dravidian words, meaning „abode of the king“. This stained glass window at the Kovilakom has a diamond-cut peep hole, which allows passers-by to view the fascinating inner world of Kalari Kovilakom. A stepping stone allows this – and no one minds a tip-toed local trying to get a glimpse of his historical legacy.

Puja
Evening ritual

Eine Legende erzählt von der Wundergenesung eines todkranken Prinzen, der aus einem anderen Land kam und in den Wasserfällen der Gegend gebadet hatte. Daraufhin zog seine Familie an diesen „Ort mit Heilkräften". Aus dieser Zeit stammen die ersten Spuren des Kovilakom.

An ancestral legend of the Rajahs speaks of the miraculous recovery of a dying warrior prince from another land, who bathed in the spring waters of the mountains near Kollengode. Soon after his recovery, his family is said to have moved to this "place with healing powers" and it is from this period that we find the first traces of the Kovilakom.

In einer Nische in der Wand steht im Kalari die kleine Statue eines Ahnen, der als beschützender Geist des Palastes angesehen wird. Es handelt sich um Shaktan Vira Ravi Varma Thampuran, ein als großer Gelehrter und kluger und weiser Herrscher bekannter Rajah. Jeden Abend bei Sonnenuntergang wird er mit der Flamme einer kleinen Öllampe verehrt. Die Durchgangstüren im Erdgeschoss bleiben während der Nacht offen, um die gutmütige Nachtwache dieses Geistes zu begünstigen.

The little statue of a family ancestor, placed in a small alcove in Kalari, is believed to be the guardian spirit of the palace. This particular Rajah, who went by the name of Shaktan Vira Ravi Varma Thampuran, was reputed to have been a great scholar, as well as a wise and able ruler. Every evening at sunset, his presence is acknowledged with a lighted oil lamp. The connecting doors on the ground floor of the palace are generally kept open, to promote this benign spirit's night watch.

നാരായണ

Im 19. Jahrhundert ließ Dhatri Thampuratti, Prinzessin von Vengunad, den dreistöckigen Palast erbauen. Kalari Kovilakom ist der letzte erhaltene Palast dieses einstigen kleinen Königreichs. In den Schriften der Familie wird das Haus Kalari genannt, weil es an dem Ort errichtet wurde, an dem ursprünglich die Kampfkunst Kalari Payattu gelehrt wurde.
Die Rajahs waren Mäzene der traditionellen Künste, insbesondere des Kathakali Tanzes und der Karnatischen Musik.
Das große Haus mit seinen zahlreichen Bediensteten stand hohen Würdenträgern und anderen Besuchern von Bedeutung – wie Dichtern und Prinzessinnen, Maharajahs und Gouverneuren - weit offen.
Mit der Unabhängigkeit Indiens von Großbritannien verloren ab 1947 die Rajahs und Maharajahs allmählich ihre Ansprüche auf Titel und Privilegien. In Kerala kam es zu mehreren Agrarreformen und der landwirtschaftliche Grundbesitz der Rajahs von Vengunad wurde zum größten Teil neu verteilt, die privaten Wälder fielen an den Staat. Die notwendigen finanziellen Mittel, um einen so großen, denkmalgeschützten Palast wie Kalari Kovilakom zu erhalten, wurden immer knapper.
Drei Generationen später standen die Urenkel von Dhatri Thampuratti an einem entscheidenden Wendepunkt der Geschichte: Belastet mit hohen Steuern und dem Verlust ihrer traditionellen Einkommensquellen sahen die Geschwister Saradha Thampuratti, Ravi Varma Thampuran und Meenakshi Thampuratti den Verkauf ihres historischen Zuhauses als einzigen Ausweg. Als nach langer Zeit ein Käufer gefunden war, zogen glücklicherweise die Erben der nächsten Generation ihre Zustimmung zu einem Verkaufsvertrag überraschend zurück.

Die Älteste, Jaishree, ermuntert ihre Geschwister Jairai, Shyamprasad und Geethanjali, sich an ihre traumhaften Kindheitserlebnisse in Kovilakom zu erinnern. Mutig verspricht sie ihrer Familie, sich um den Palast zu kümmern und eine gangbare, selbsttragende Lösung zu finden, die weder den Fortbestand des Gebäudes noch der mit ihm verbundenen Traditionen gefährdet. Zu diesem Zeitpunkt ist ihr noch nicht klar, wie sie dieses Versprechen halten soll. Zehn lange Jahre dauert ihre Suche nach dem perfekten Partner für Kalari. Allein die Liebe, die sie für das Haus empfindet, das ihr soviel geschenkt hat, gibt ihr die Kraft dazu. Schließlich wird sie, wie sie erzählt, „von dem guten Geist von Kalari“ zur Familie Dominic von CGH Earth geführt. Die CGH Earth-Gruppe hat die Türen Kalari Kovilakoms wieder geöffnet für eine Erfahrung traditionellen Lebenstils. Jaishrees größter Wunsch war es, die lange Tradition des Palastes wieder aufblühen zu lassen. Er ist endlich wahr geworden.

Press Photo Bureau
151, BIG STREET
TRIPLICANE, MADRAS

In the 19th century Dhatri Thampuratti, Ranee of Vengunad, goes on to build the three-tiered palace known as Kalari Kovilakom, which remains the last surviving palace of this tiny erstwhile kingdom. In the family scriptures the house is referred to as Kalari, because it was constructed on a site, where originally Kalari Payattu, the martial arts of Kerala were taught. The Vengunad Rajahs were patrons of the classical arts, Kathakali dance and Carnatic music in particular. The large house with a vast number of servants, was known to hold its arms wide open to visitors of grace and importance – poets, princesses, maharajahs and governors. In 1947, with the independence of India from British rule, the Rajahs and Maharajahs progressively lost the rights to their titles and privileges. A number of agrarian reforms in Kerala resulted in the redistribution of large land holdings of the Vengunad Rajahs and their private forests were taken over by the state. The necessary financial resources needed to maintain such a big historic monument, were growing scarce. Three generations later, the grandchildren of Dhatri Thampuratti stood at a decisive turning point in history.

Burdened by heavy taxes and the loss of their traditional source of revenue siblings, Saradha Thampuratti, Ravi Varma Thampuran and Meenakshi Thampuratti were faced with the looming prospect of having to sell their historical home. When, after a long period, a buyer had been found, the next generation fortunately withdrew the approval of the contract. The eldest sister, Jaishree, encouraged her brothers Jairai and Shyamprasad and her sister Geethanjali to remember the beauty and innocence of their childhood at the Kovilakom. Showing great courage she promised her family that she will take responsibility for the palace and find a self sustaining solution that neither endangers the continued existence nor the traditions related to it. At this point in time it was not at all clear to her how she could keep this promise. For ten long years she searched for the perfect partner for Kalari. Her love alone, that she felt for the house that had given her so much, provided her the strength to brave it out. It was ultimately the spirit of the house, as she recalls, that guided her to the Dominics of CGH Earth. The CGH Earth group has reopened Kalari Kovilakom's doors for an experience of a traditional lifestyle that may otherwise have been closed to the world. Jaishree's greatest wish was to see the palace blossom once again. It finally came true.

Please
Leave Your World Here

„Mit Hingabe und Achtsamkeit haben wir das Kalari Kovilakom zu einem Palast des Ayurveda umgestaltet. Wir praktizieren Ayurveda in der authentischen und ursprünglichsten Form, wie es die Rajas von Vengunad getan hätten. Uneingeschränkt der alten Lehre verpflichtet begreifen wir Ayurveda weniger als medizinisches System, vielmehr als eine Kunst ganzheitlicher Heilung. Unser Ansatz zur Behandlung ist immer eine Kombination von Therapien, die gleichzeitig Körper, Geist und Seele berücksichtigen. Diese Herangehensweise an die Vorstellung von Heilung ist in der heutigen Zeit mindestens ebenso angemessen und zeitgemäß wie zur Zeit der Entstehung des Ayurveda. Nichts musste neu erfunden werden, nichts hat an Bedeutung verloren. Unterstützend begleitet wird die ayurvedische Heilbehandlung von Yoga- und Meditationsübungen. Der Palast ist keineswegs ein Ashram, ebenso wie ein Ashram ist er jedoch ein Ort für den Körper, die Seele und den Geist. Wir laden Sie ein, in ein Leben einzutauchen, das uns von den alten indischen Traditionen nahe gelegt wurde. Es hilft uns, die Kräfte ins Gleichgewicht zu bringen, in ein Gleichgewicht zwischen äußerer, innerer und spiritueller Welt. Es hinterlässt uns frischer, mit neuer Kraft und einem Gefühl von Vollständigkeit.“

Jose Dominic, Managing Director CGH Earth

"With devotion and loving care we transformed the Kalari Kovilakom into a palace for Ayurveda. We offer Ayurveda in its most authentic and substantive form as the Rajas of Vengunad would have done it. Adhering to the strict tenets of Ayurveda as an universal healing art rather than a medical system.
The treatment we are offering is a combination of therapies for the body, mind and soul. Our approach to health is as relevant to the modern world as it was to the ancient world. Nothing has been reinvented, nothing diluted. The Ayurveda treatments are complimented and supported by yoga and meditation practices.
The Palace is by no means an ashram. Though like in an ashram it is a place for the body, mind and spirit. We invite you to immerse yourself in the living that was advocated in the Ancient Indian traditions. That helps you to balance your energies. To balance the outer, the inner and the spiritual world. Leaving you refreshed, energised and whole."

Jose Dominic, Managing Director CGH Earth

Das lernen der langsamkeit

Ankommen im Kalari bedeutet vor allem einen neuen Rhythmus anzunehmen, was am Anfang nicht jedem leicht fällt. Es gibt keine Anhaltspunkte mehr. Außer Vogelgesang und Klangspielen scheint alles hier gedämpft zu sein. Man hört kaum Schritte oder Stimmen. Schnell gewöhnt man sich an den indischen Gruß mit über der Brust gefalteten Händen. Man wird eher angelächelt als angesprochen und kehrt immer mehr in sich zurück. Die Wege im Garten, die am ersten Tag so überschaubar kurz erscheinen, werden zu ausführlichen Spaziergängen. Jeder Schritt ermöglicht eine neue Wahrnehmung und eine neue Aufmerksamkeit. Und langsam fliegt die Zeit – fliegt nicht mehr davon, sondern scheint mir zu gehören.

When arriving at Kalari Kovilakom you have to adapt yourself to a new rhythm and it is, in fact, a challenge at the beginning and not easy for everyone. The signs of hectic, everyday life are gone. Apart from birds singing and the musical sounds of the wind chimes everything appears to be subdued. No footsteps, no voices. You will quickly get used to the Indian way of greeting – placing your hands together in front of you. You will be greeted with smiles far more often than with words and you will return deeper and deeper into your inner soul. The paths in the garden that appeared reasonably short on the first day develop into considerably long walks. Every step allows a new perception and an increased alertness. You will see other things and you will observe things with totally different eyes. And time flies slowly by and not away and seems now to belong to you.

WELCOME BACK
EVELYNE

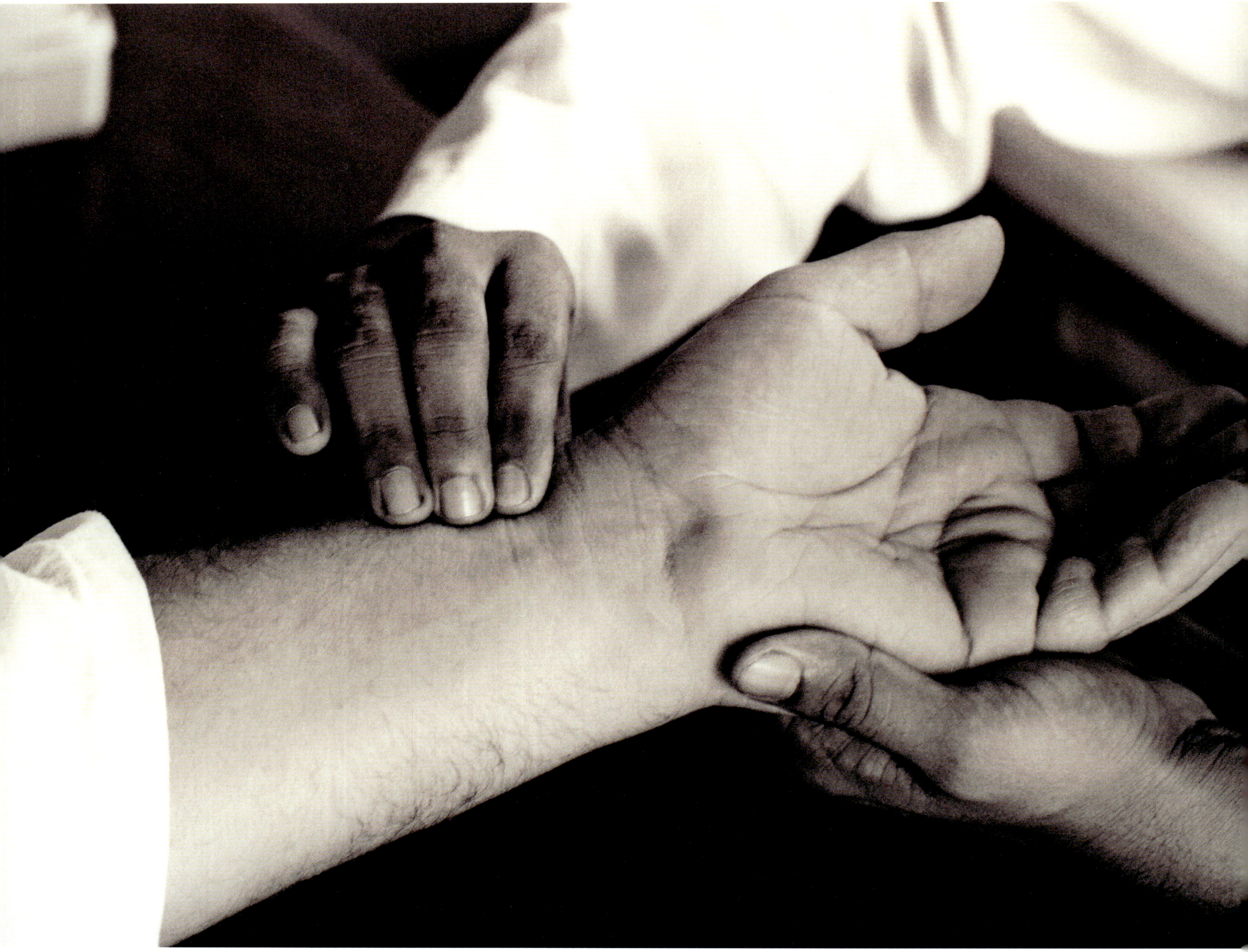

Medizin

Der ganzheitliche Ansatz des Ayurveda

Medicine

Ayurveda´s holistic approach

Vaidya

In der Ayurvedatradition wird der praktizierende Arzt Vaidya genannt. Im ersten Gespräch widmet er sich sehr ausführlich der Untersuchung des Menschen in seiner Gesamtheit. Diese Anamnese beruht auf drei wesentlichen Bestandteilen, die Darsana, Sparsana und Prasnai genannt werden. Darsana ist das Wahrnehmen der äußeren Erscheinung des Menschen. Körpersprache, Stimme, Augen, Haare, Hände und Nägel, Zunge, auch Körperbau, Körpermaße und Alter werden dabei berücksichtigt. Sparsana bedeutet „Untersuchen mit Berührung". Dazu gehören Pulsdiagnose, Temperatur, Abtasten der Gelenke und der Organe, Flexibilität, Vitalität des Gewebes und auch das Messen von Blutdruck und Herzfrequenz. Im Prasnai wird der Patient schließlich nach körperlichen und seelischen Beschwerden, Appetit und Verdauung, Familienerkrankungen, Träumen und seiner psychischen Verfassung befragt.
Anhand dieser umfassenden Informationen kann der Vaidya die individuellen gesundheitsfördernden Maßnahmen bestimmen. Während des gesamten Aufenthalts wird jeder Besucher von demselben Vaidya betreut, der nach den täglichen Untersuchungen die Ernährung und Behandlung an das aktuelle Befinden der Person anpasst.

In the Ayurvedic tradition the doctor is referred to as Vaidya. In the first consultation he devotes himself to an extensive examination of the person. Darsana, Sparsana and Prasnai are the three essential elements of the anamnesis. Darsana is the awareness of the exterior appearance of the patient. His body language, voice, eyes, hair, hands, nails, tongue body frame and size and the age are taken into account. Sparsana means "examination by touch" and includes checking the pulse, temperature, joints and abdomen, flexibility and vitality of the body and measuring blood pressure and heart rate. Prasnai means questioning the patient about his bodily and psychological complaints, appetite and digestion, the history of illness in his family, as well as his dreams and mental health.
Based on this comprehensive information the Vaidya can take the required steps to promote the health of the individual. During the whole period of their stay, every guest will be cared for by the same Vaidya who, after the daily examination, will provide the appropriate diet instructions and medicine, according to the condition of the patient.

Panchakarma

Die Reinigungskur Panchakarma ist in der ayurvedischen Medizin von zentraler Bedeutung. Die Kur beinhaltet fünf Therapieformen – Panchakarma bedeutet übersetzt „fünf Handlungen“. Ziel ist es, den Organismus im Sinne des Ayurveda von Stoffwechselgiften zu befreien, ihn zu reinigen und letztendlich Körper und Seele wieder in Einklang zu bringen. Meditation, leichte Körperübungen aus dem Yoga, entsprechende Ernährung und Ruhe unterstützen diesen Prozess.

Die Reinigung des Körpers wird durch die Einnahme medizinischen Ghees eingeleitet. Dieser löst Ama, das heißt Schlacken, die tief in das Gewebe eingedrungen sind. Sie können dann mithilfe eines Abführmittels ausgeleitet werden. Warme Kräuteröle, die von Hand hergestellt werden, dringen durch Ölmassagen in den Körper ein und entgiften ihn über die Haut. Im Ayurveda wird diese Ölbehandlung Snehana genannt. Beim Svedana wird die behandelte Person schließlich zum Schwitzen gebracht.

Die Ölbehandlung und das Schwitzen dienen zur Vorbereitung auf die fünf Therapieformen: Virechana, therapeutisches Abführen; Vasthi, Öl- oder Kräutereinlauf; Vamana, therapeutisches Erbrechen, das allerdings nur selten angewandt wird; Raktha Moksha, die Blutreinigung durch Blutegel; Nasya, die Reinigungstherapie durch die Nase. Begleitet werden diese Therapien durch unterschiedliche Massagen und Ölgüsse. Der Rhythmus der Behandlung sowie die verwendeten Öle und das medizinische Ghee werden speziell auf die Konstitution des Einzelnen abgestimmt.

Eine gelungene Panchakarmakur bringt den Menschen wieder in Einklang mit sich selbst. Die Entgiftung stellt die natürlichen Regulationskräfte des Körpers wieder her. Ein Gefühl von Frische und Leichtigkeit kehrt ein.

In Ayurvedic medicine, the cleansing cure Panchakarma is of central importance. The cure comprises five forms of therapy. Panchakarma literally means „five actions". The purpose of Panchakarma in the Ayurvedic sense, is to eliminate the accumulated toxins of the body, to purify, and finally, to bring body and soul into harmony with each other. Meditation and light yoga exercises complete the treatment as well as a relevant diet and tranquillity.

The cleansing of the body is initiated through the intake of medical Ghee. This loosens the residues, called Ama that penetrated the tissue. With the help of a laxative the toxins afterwards can be eliminated from the body. During the massage with warm handmade herbal oils the body is detoxified through the skin. In Ayurveda this oil treatment is called Snehana. The use of Svedana will result in the patient breaking out in a sweat. The oil treatment and the sweating contribute to the preparation for the five forms of therapy: Virechana, a therapeutic purging; Vasthi, an oil or herbal enema; Vamana, a vomiting therapy which is rarely used; Raktha Moksha, a blood letting therapy, applying leeches for fluid retention just under the skin, and finally, Nasya, a cleansing therapy administered through the nostrils. These therapies are accompanied by various massages and anointing oils. The rhythm of the treatment as well as the application of oils and medicinal Ghees is specially adjusted to the constitution of each individual. The successful Panchakarma treatment helps the patients to come into harmony with themselves, the detoxification restores the body's regulatory strength, resulting in a feeling of lightness and vitality.

Ghee

Ghee spielt eine sehr wichtige Rolle im Ayurveda. Das „ayurvedische Gold“ wird während der Panchakarmakur sehr geschätzt. Ghee ist einfach geklärte Butter, die solange gekocht wird, bis sie kein Wasser mehr enthält. Anschließend wird sie noch gefiltert und von den Unreinheiten befreit, die als Schaum an die Oberfläche getreten sind. Die gereinigte Butter, bei uns auch Butterschmalz genannt, erhält durch diese Prozedur eine schöne, goldgelbe Farbe. Bei der Panchakarmakur wird dem Körper für eine begrenzte Zeit medizinisches Ghee zugeführt, eine Mischung aus Kräutern und Ghee, die an die Bedürfnisse jedes Patienten speziell angepasst ist. Die alten ayurvedischen Schriften, die Veden, halten unzählige Rezepte für verschiedenste Anwendungen bereit. Die angemessene Menge für die Behandlung hängt von der Person und ihrer individuellen Verdauungskraft ab. Ghee gilt als ausgesprochen effektive Trägersubstanz für Heilmittel, die ihm beigemischt werden. So können nach der ayurvedischen Lehre Heilsubstanzen sogar bis in das Nervensystem und das Gehirn geleitet werden. Ghee hat zudem die Fähigkeit, blockierte Kanäle zu öffnen und Gifte auszuleiten. Es macht den Körper geschmeidig und löst die Schlacken bis in die Tiefe des Gewebes.

Ghee plays a very important role in Ayurveda. During the Panchakarma the “Ayurvedic Gold” is highly valued. Ghee is butter that has been cooked long enough for the water to evaporate. Afterwards it is filtered and freed of impurities, which appear as foam on the surface. Through this procedure the butter obtains a lovely golden colour. During the Panchakarma therapy, medical Ghee is administered, a mixture of herbs and Ghee, adapted to the special needs of the patient. The ancient Ayurvedic scripts, called Vedas, contain countless recipes for different uses. The appropriate amount for the treatment depends upon the person and its individual digestive capacities. Ghee is considered the best „carrier“ for the medicinal herbs mixed into it. According to the Ayurvedic teachings, healing substances can be directed into the nervous system and the brain. Added to that, Ghee has the ability to open blockaded canals and release the poison. It smoothens the body and releases residues all the way into the deepest tissue.

Thaila

Die speziellen Öle für ayurvedische Behandlungen werden im Kalari in aufwendiger Handarbeit hergestellt. Kräuterauszüge oder frische Kräutersäfte werden dabei mit einer Kräuterpaste und einer öligen Substanz wie Sesamöl vermischt. Die Mischung wird gekocht, bis der Wasseranteil vollständig verdampft. Dieser Vorgang kann bis zu einer Woche dauern. Der langwierige Prozess ist notwendig, um die Aufnahme der im Öl enthaltenden Wirkstoffe über die Haut zu verbessern. Er kann auch wiederholt werden, wodurch die Öle eine höhere Konzentration erhalten.
Die Aufgabe des Therapeuten ist es, dieses medizinische Öl in das Gewebe einzumassieren. Das Öl nährt und regeneriert die Zellen, stimuliert das Lymphsystem, löst die Schlacken und befördert sie an die Hautoberfläche. Nach einer solchen Behandlung mit Öl wird die Haut mit einer Pastenmischung aus Kichererbsenmehl und Linsenmehl gewaschen.
Mehrere Gärtner schenken im Kalari ihre Aufmerksamkeit den heimischen Pflanzen, die hier in großer Vielzahl wachsen. Sie können direkt aus dem Garten gepflückt und frisch verwendet werden. Kurze Wege erhöhen ihre Wirksamkeit.

In Kalari the special oils or Thailas used in ayurvedic treatment are elaborately made by hand. Herbal extracts or fresh herbal juices are mixed with a medicinal herbal paste and an oily substance, for example sesame oil. The mixture is cooked until the water is completely absorbed. This tedious process can take up to a week and is necessary, because it allows the active agents in the oil to improve the absorption into the skin. It can also be repeated whereby the oil retains a higher concentration. It is the task of the therapist to massage this medical oil into the tissue. This oil nourishes and regenerates the cells, stimulates the lymphatic system, releases the toxins and carries them to the surface of the skin. After treatment the skin is washed with a paste mixed from chick pea and lentil flour.
In Kalari a number of gardeners pay a great deal of attention to the local plants that grow here in abundance. They can be freshly picked from the garden for immediate use. The short distance from garden to patient increases the effectiveness.

BALASWAGANDHADI THA

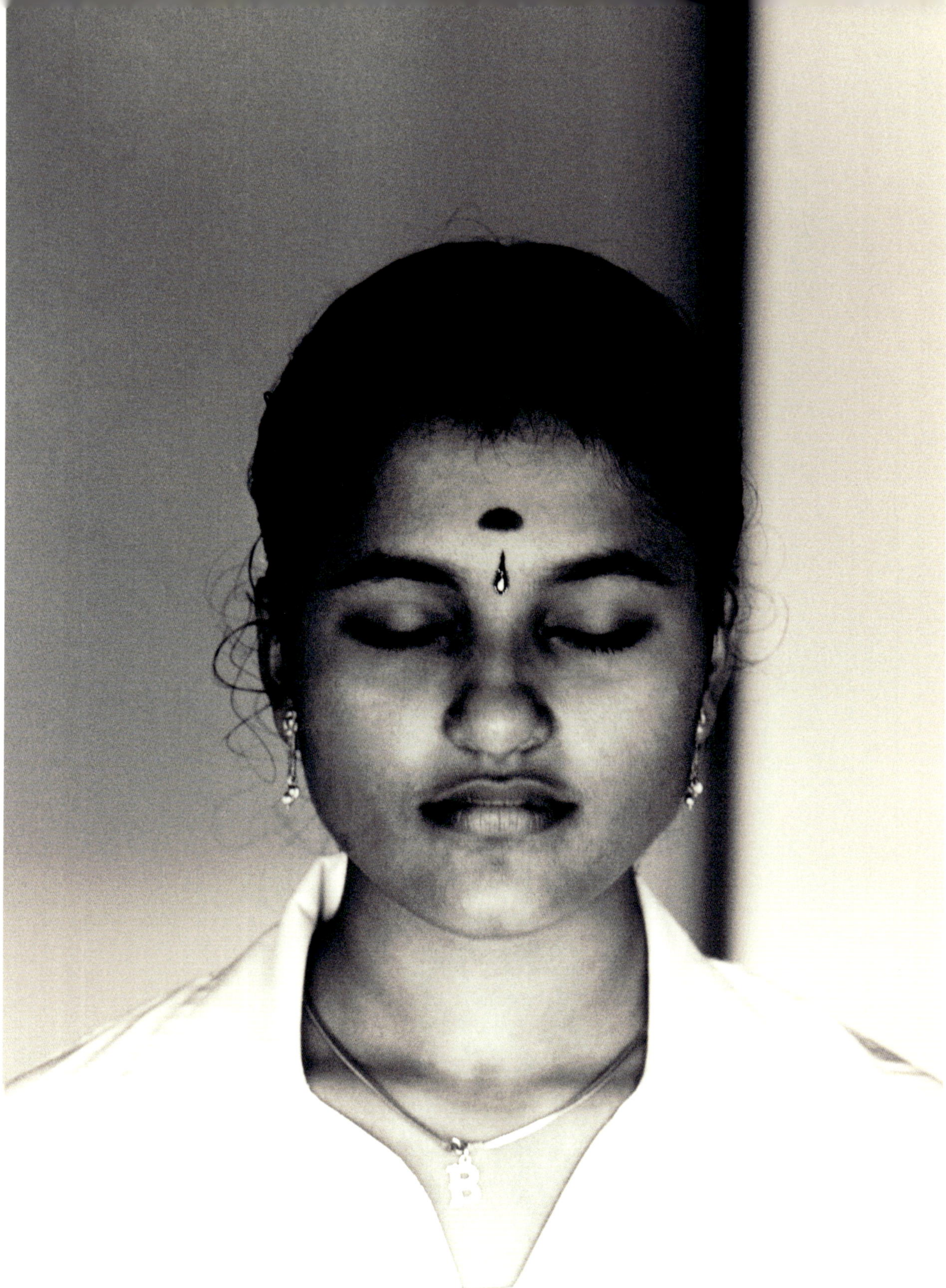

Behandlungen

Einblicke in zwölf ayurvedische Anwendungen

Treatments

Insight into twelve ayurvedic therapies

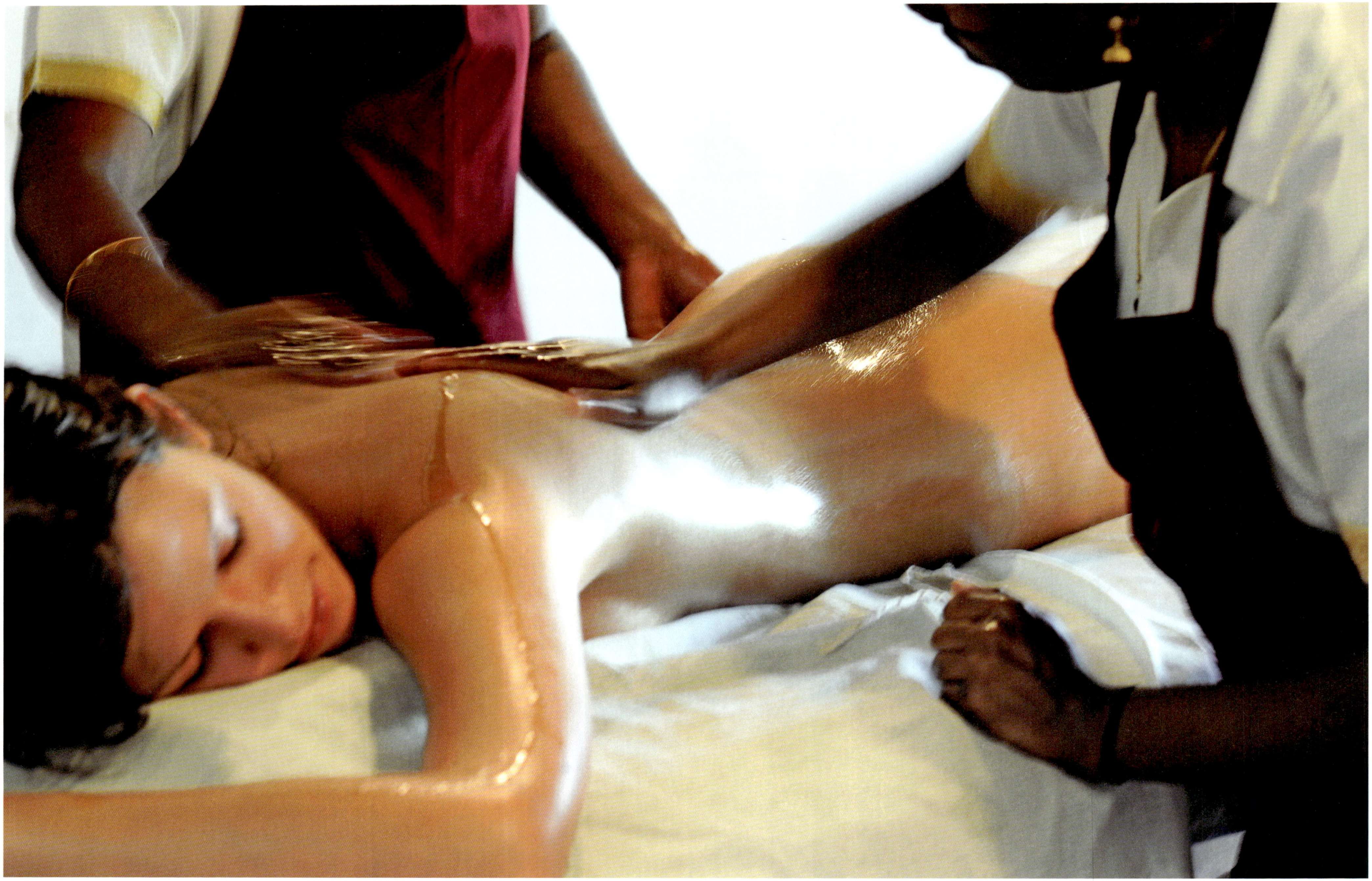

Uzhichil / Kalari marma

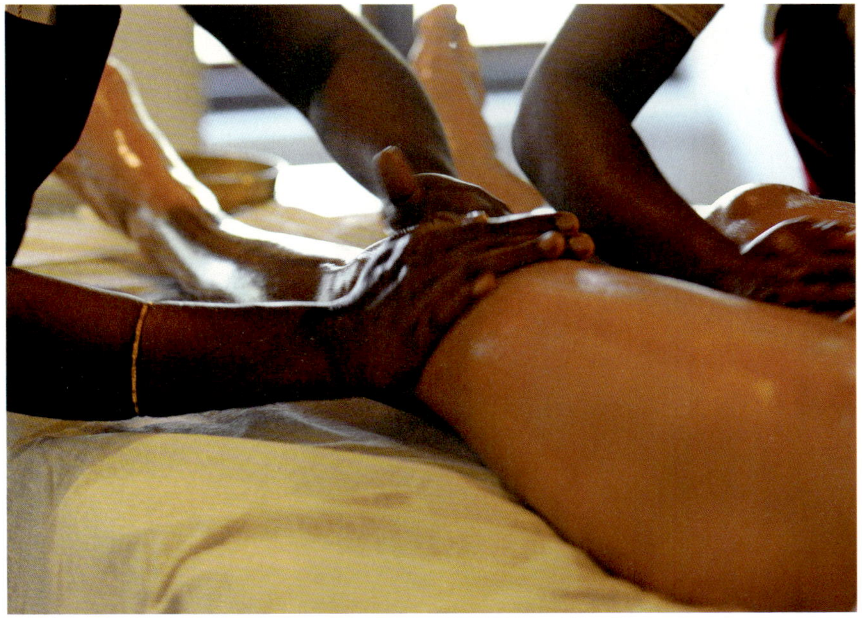

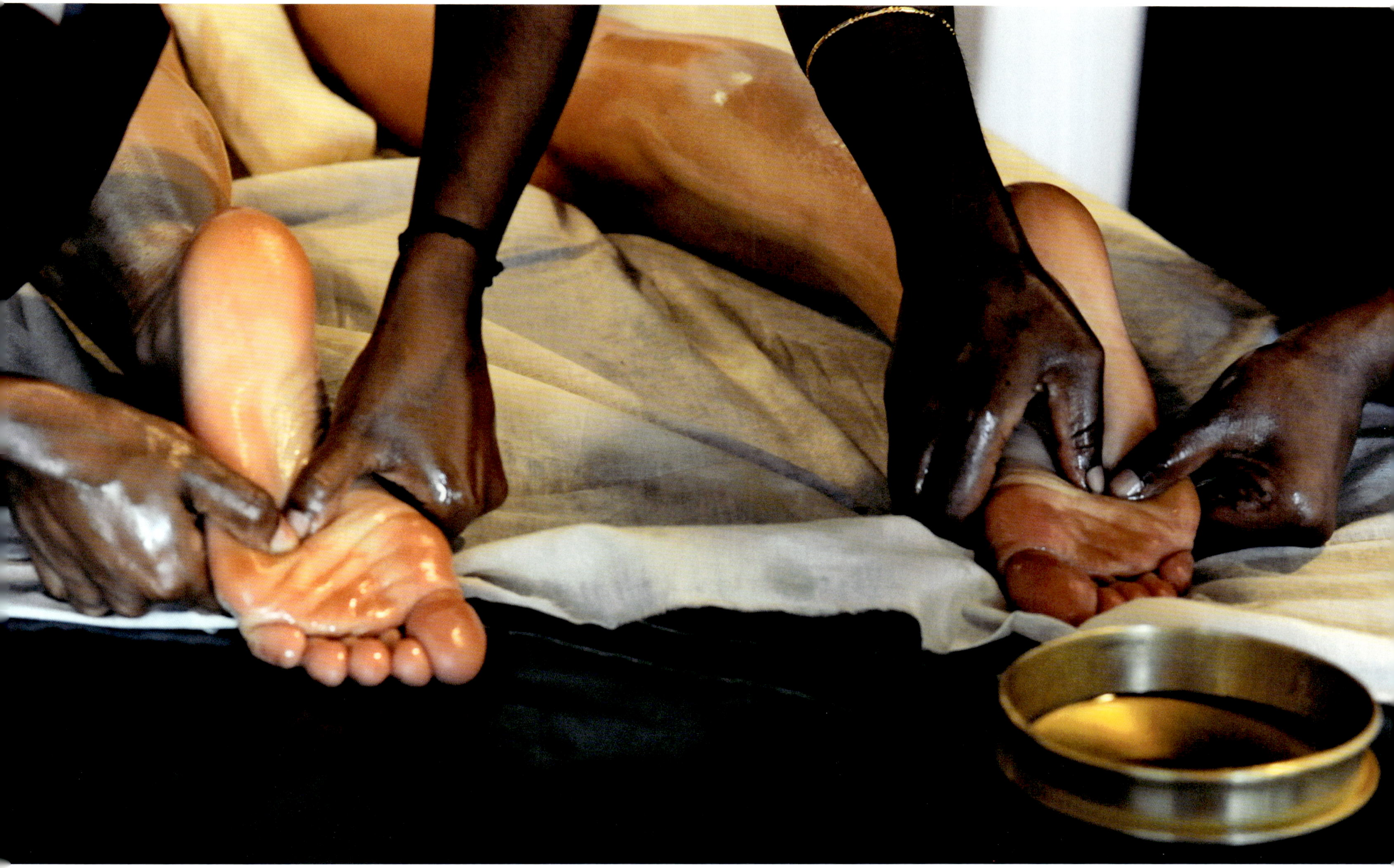

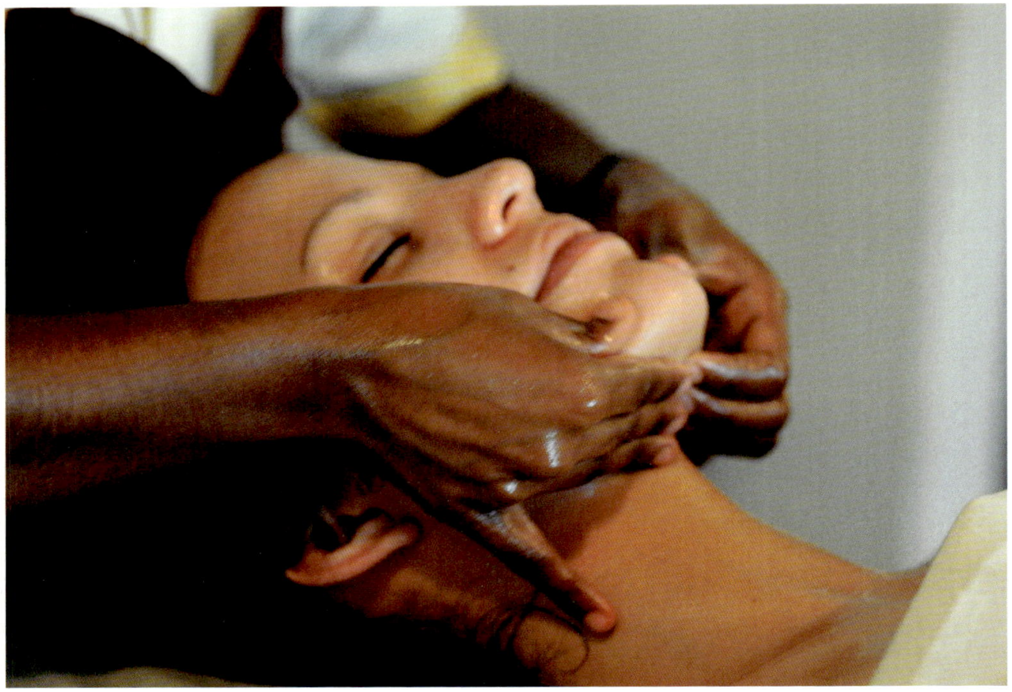

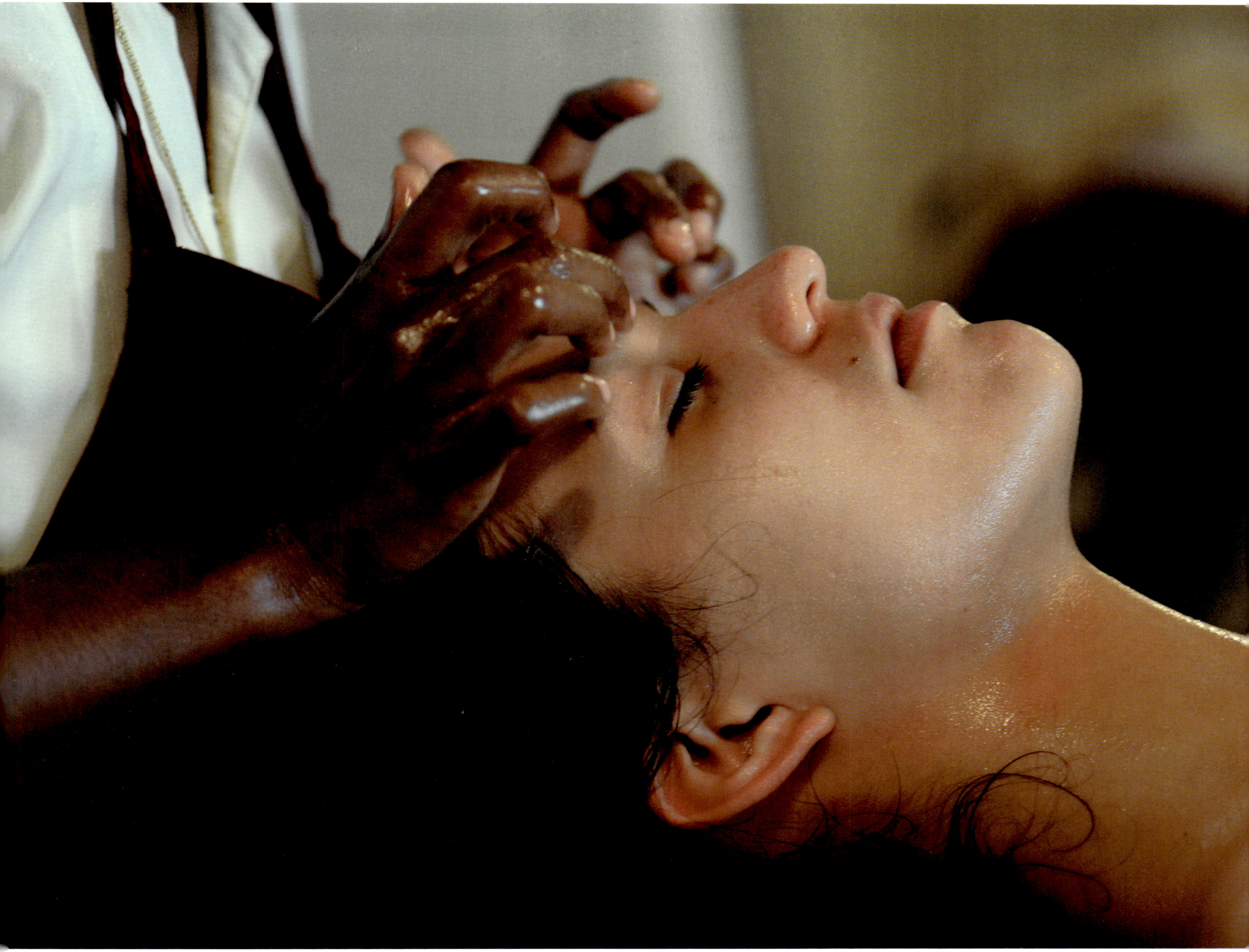

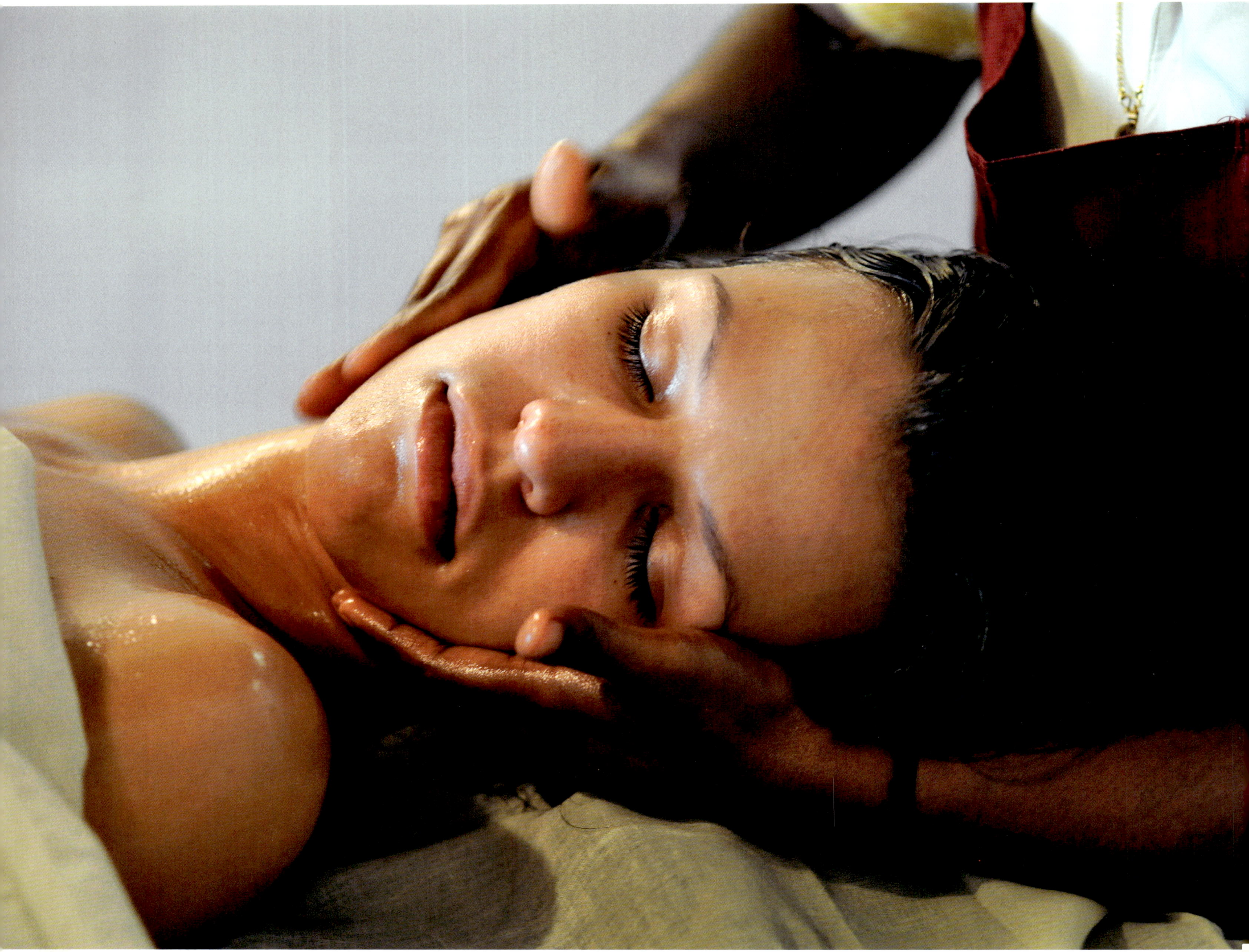

Shirodhara

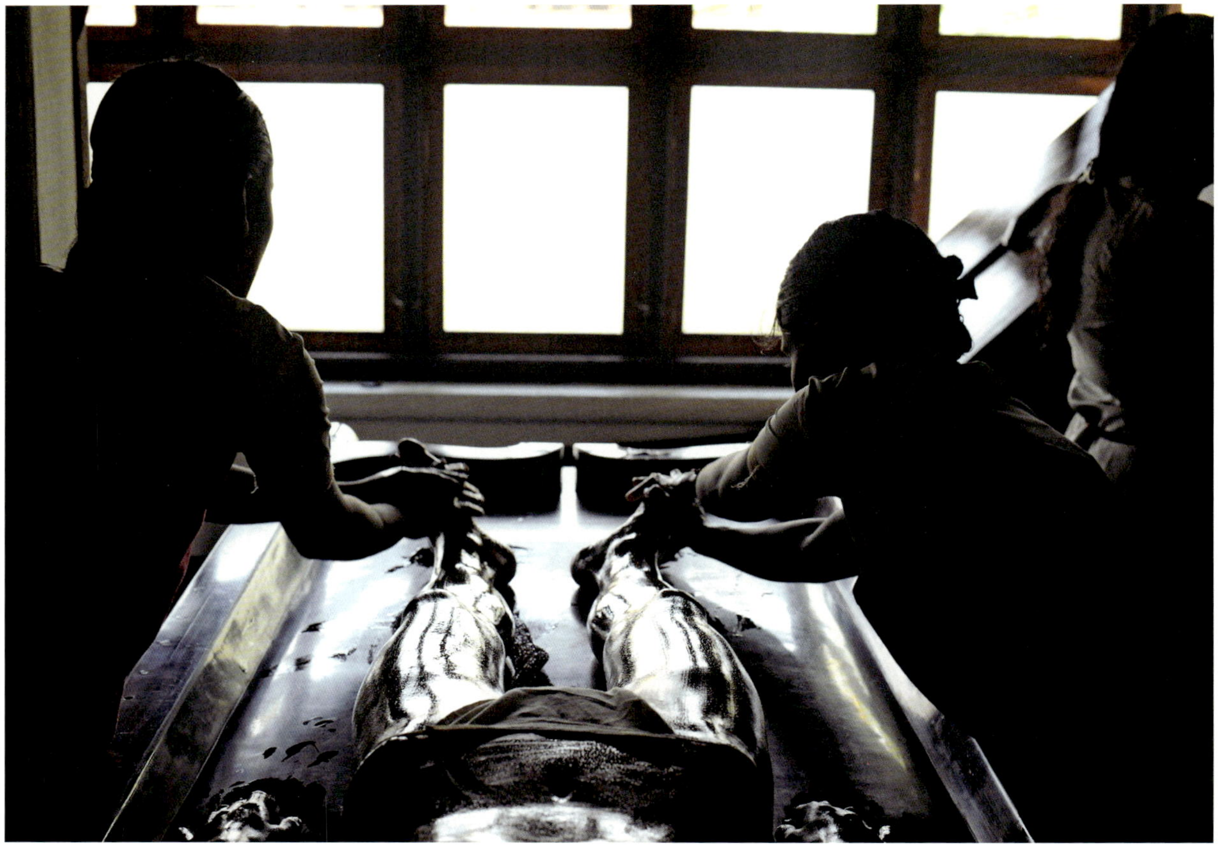

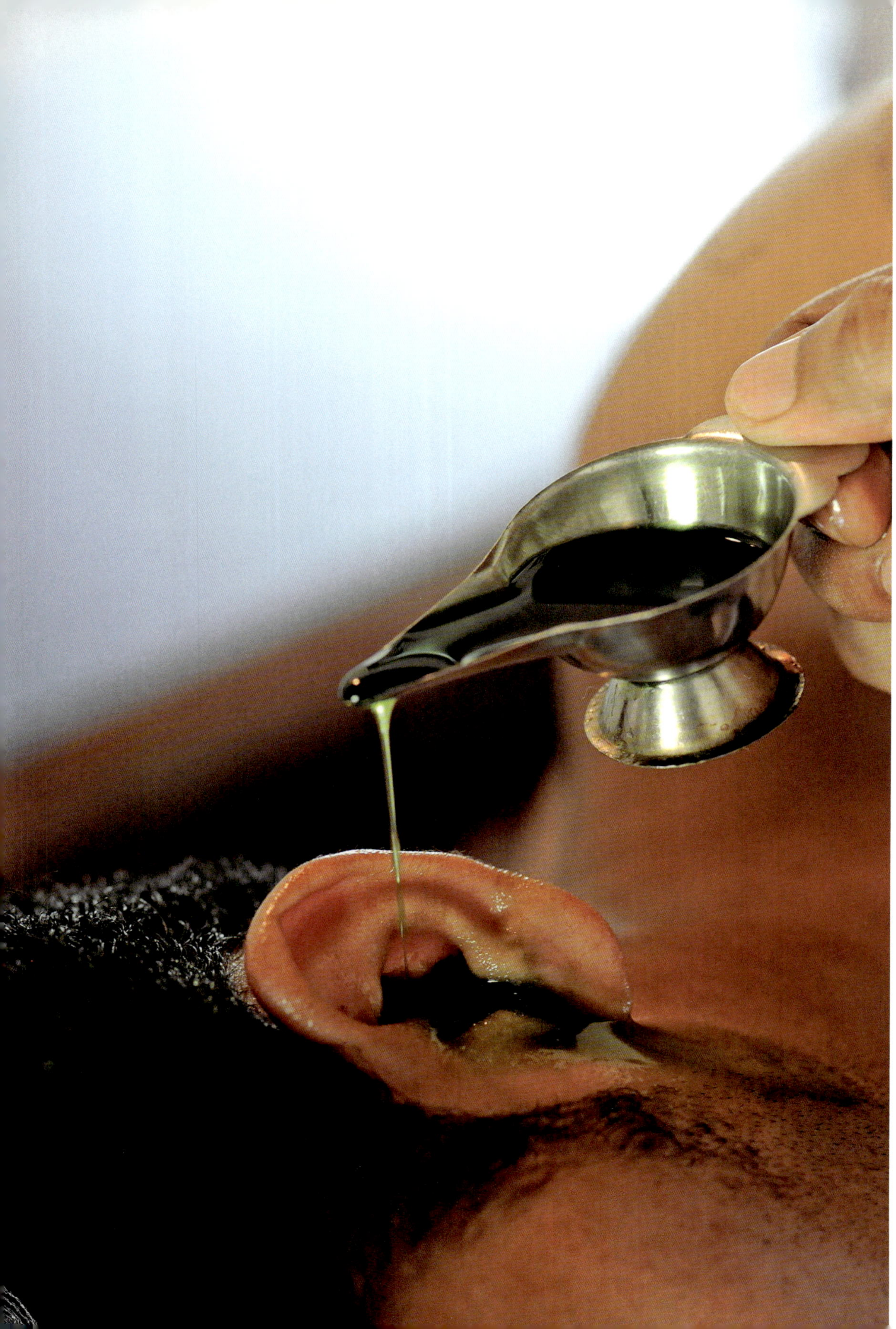

Karnapurnam

Urovasthi

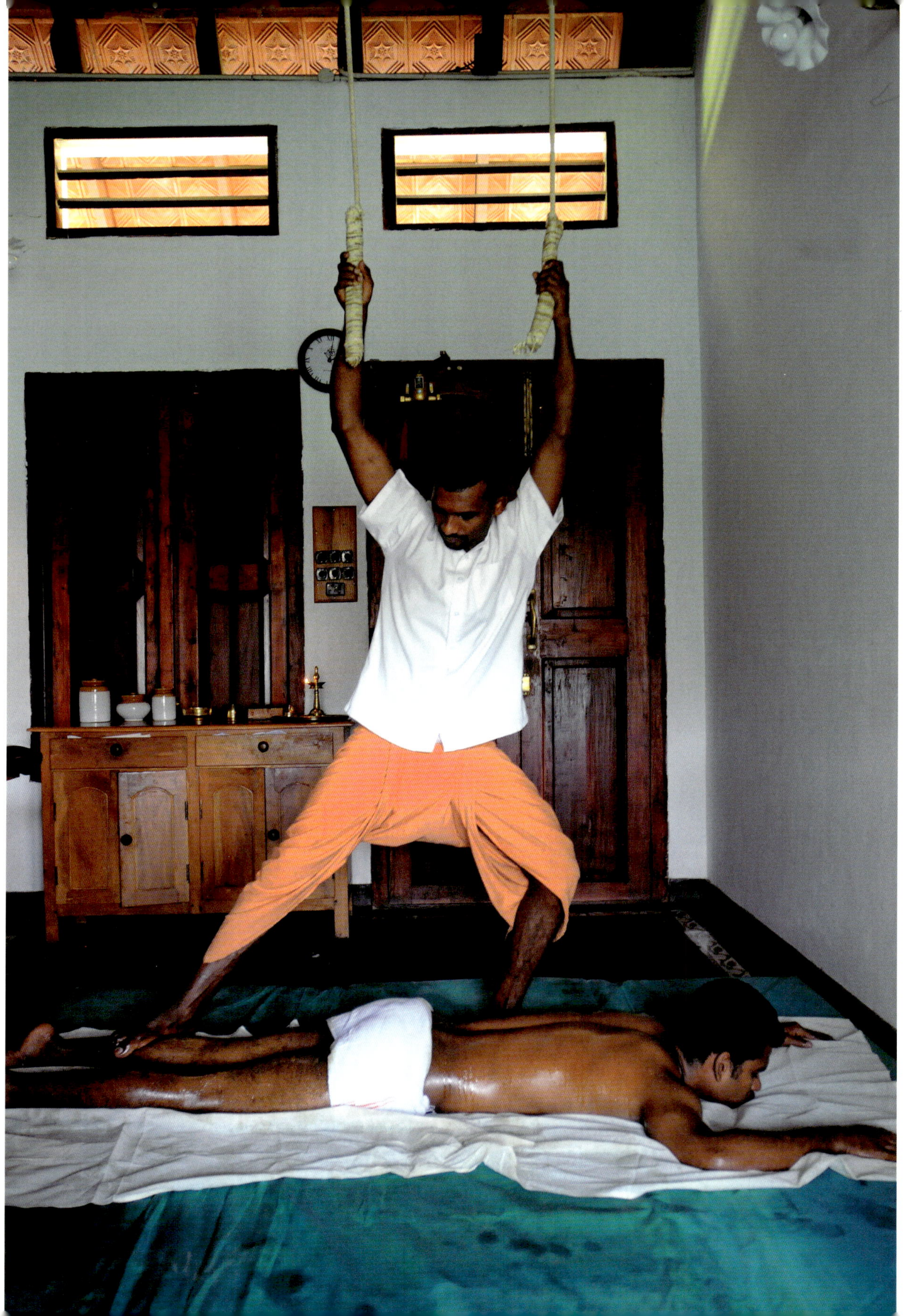

Chavutti thirumal

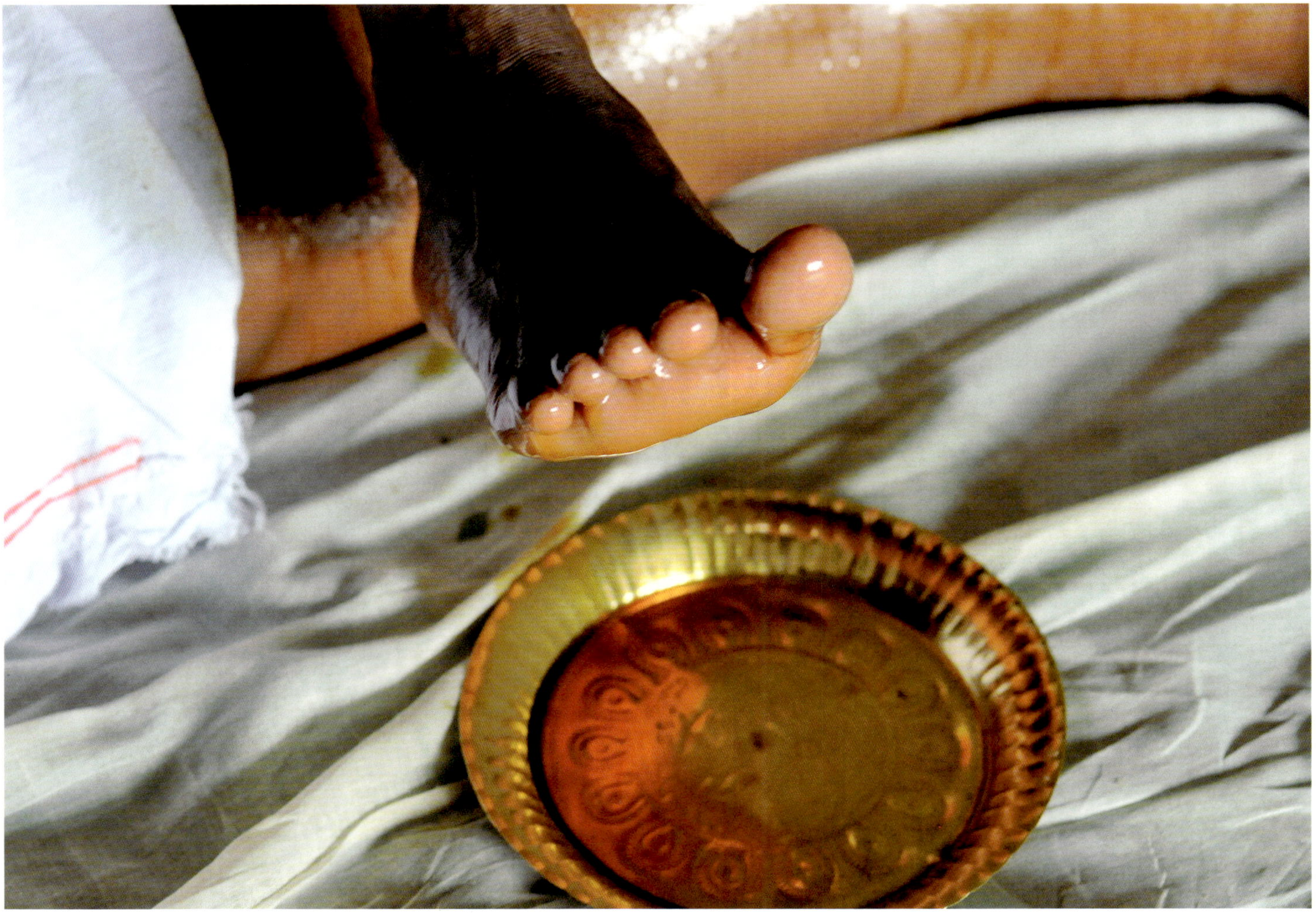

Njavarakizhi

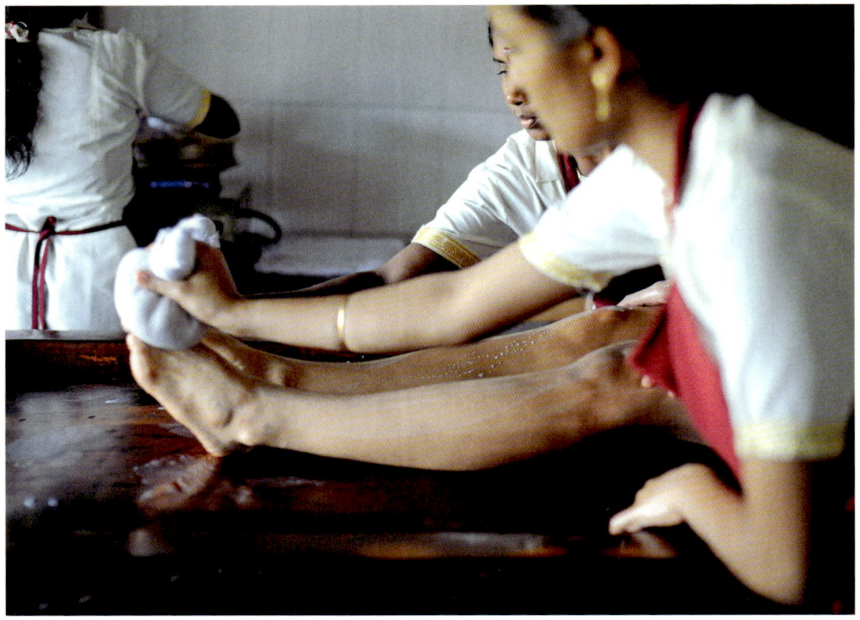

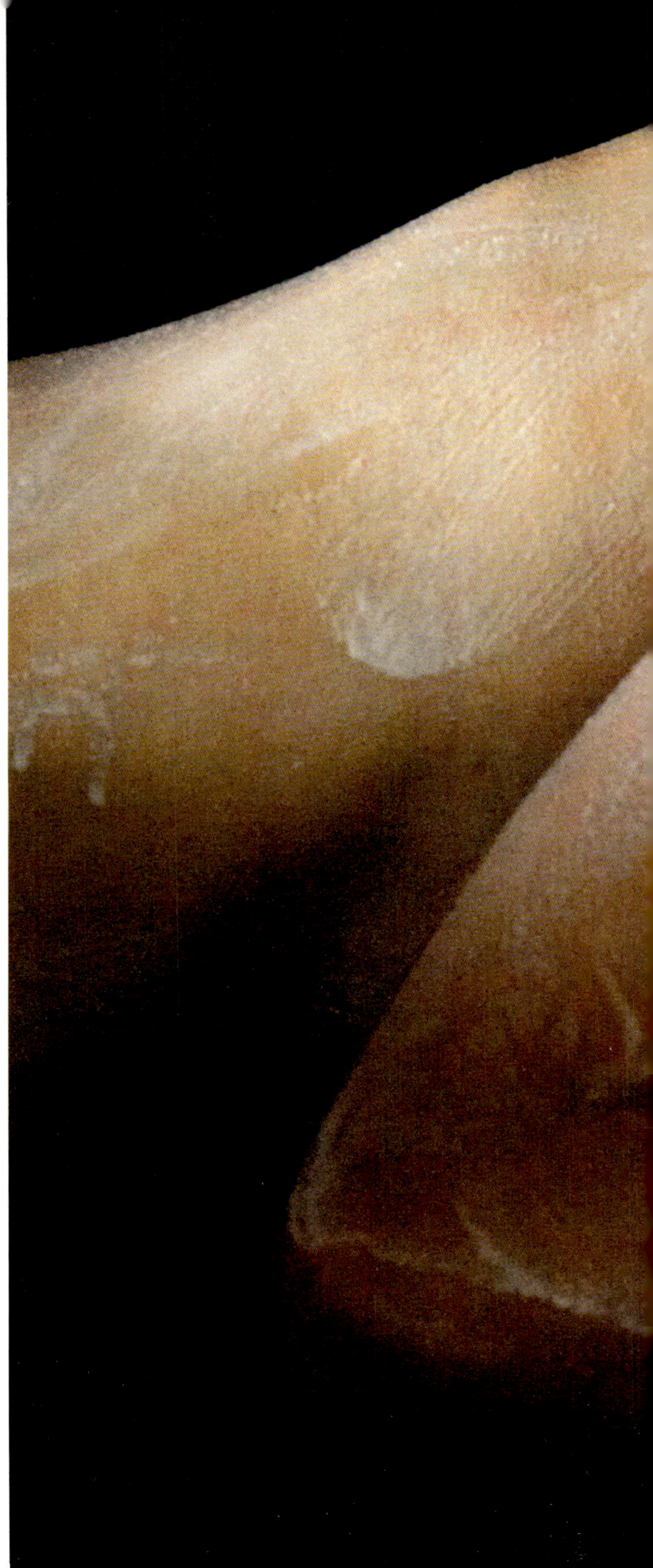

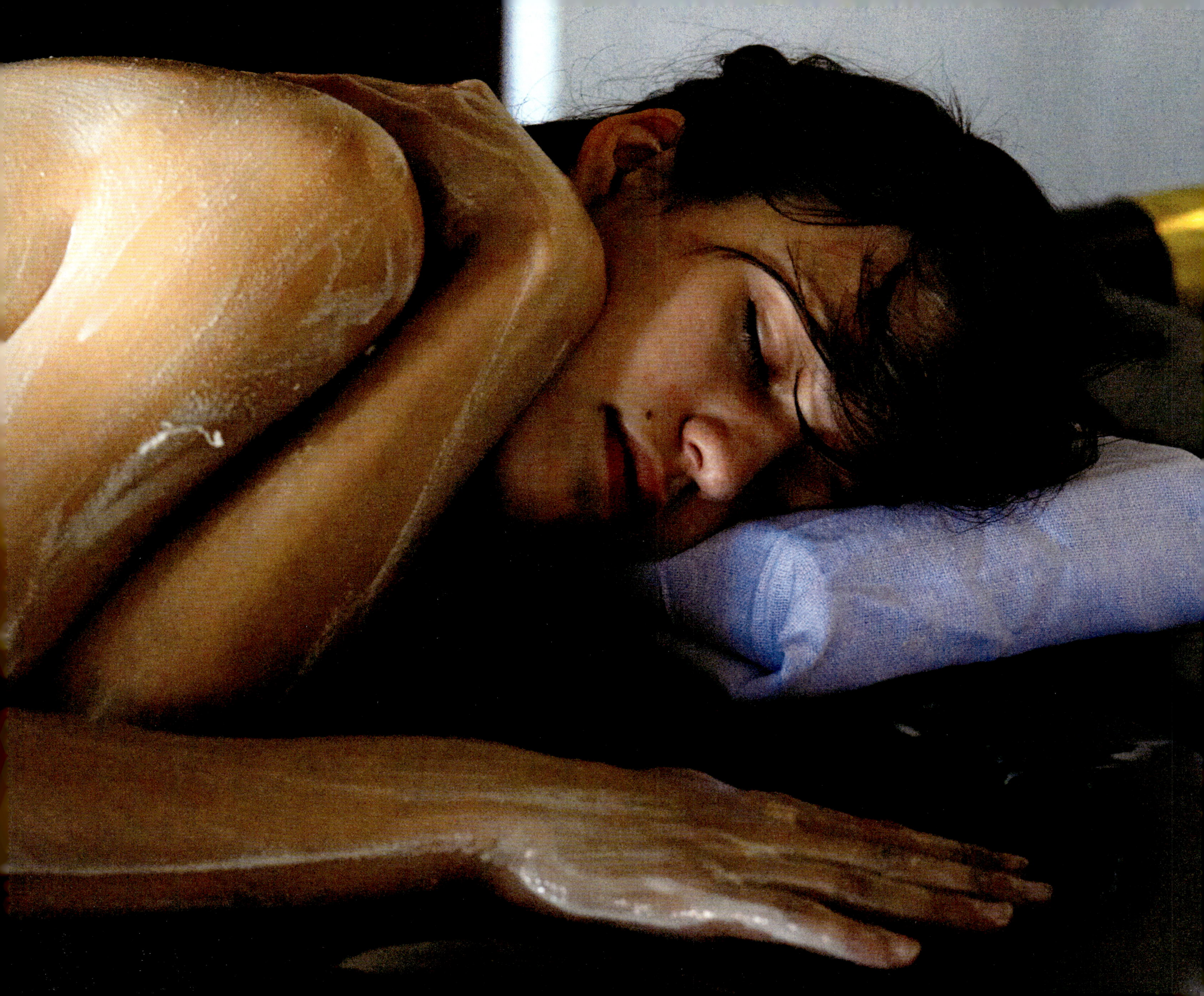

Svedana

Shirovasthi

Tarpanam

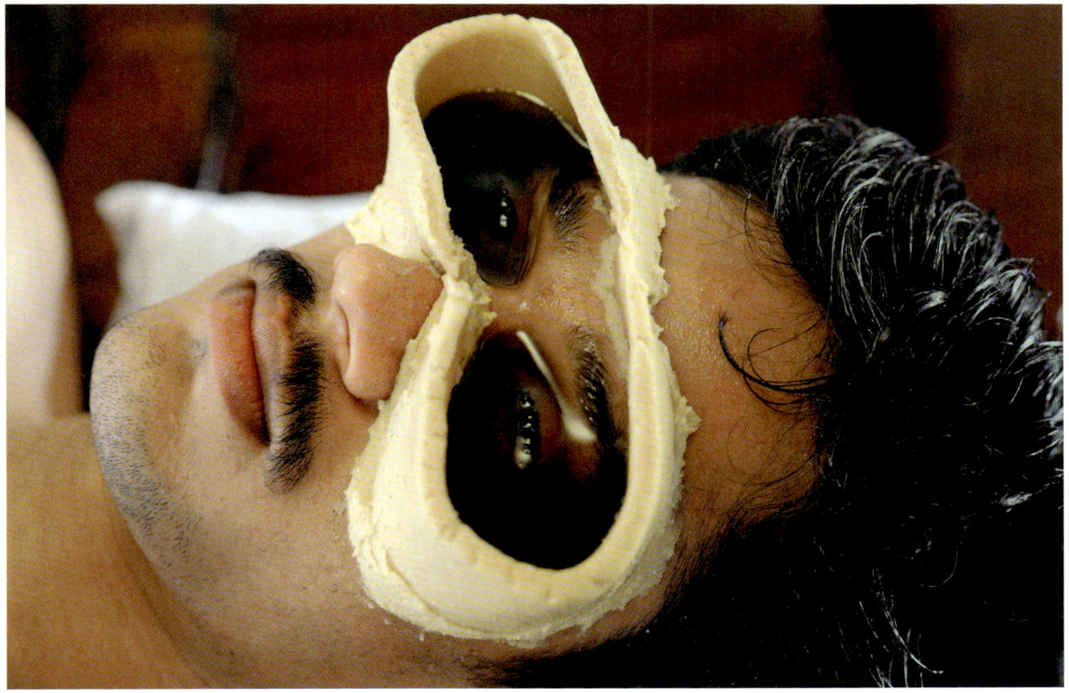

Kateevasthi

Dasamoola ksheera

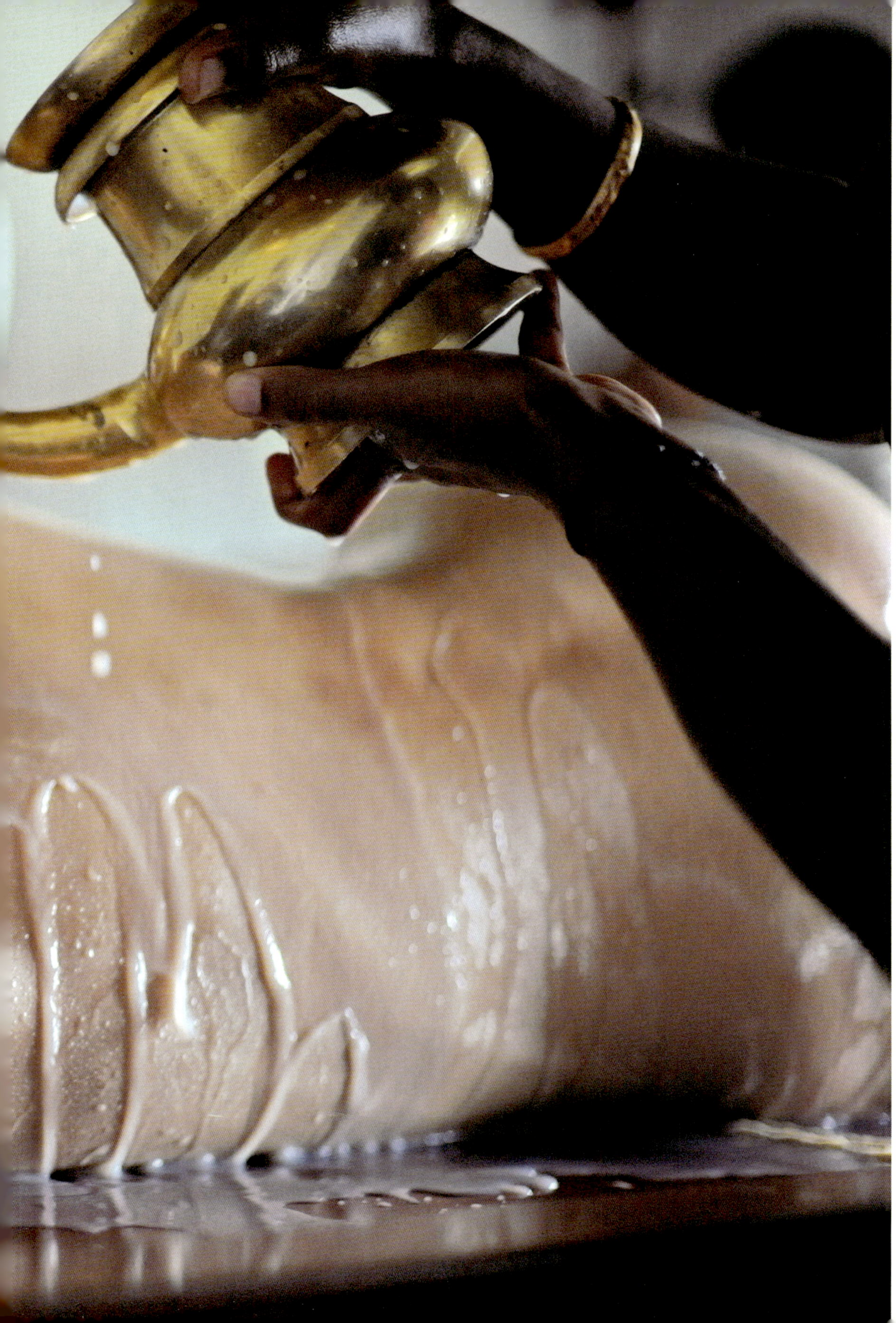

Elakizhi

Avagaham

Kokosnuss

Kerala ist das Land der Kokosnusspalmen. Nicht nur die Nüsse, sondern auch die Palmwedel und das Holz werden sehr geschätzt. Kokoswasser enthält sehr viele Mineralstoffe und ist das beste natürliche Getränk. Es wirkt ausgleichend, schenkt Wohlgefühl und Frische, revitalisiert den Körper.
Man unterscheidet zwei „Nussarten“: Die junge grüne Nuss mit 90 % Flüssigkeit voller Mineralstoffe und Vitamine, die nach dem Abführen getrunken wird, um den Verdauungstrakt zu regenerieren. Die mittelreife Nuss hat weniger Saft und mehr Fleisch und wird bei der Herstellung von Kräuterstempeln für die Massage angewendet.

Kerala is the land of coconut palms. Here, not only the coconuts are treasured, but also the wood and the palm leafs. Coconut juice is extremely rich in minerals and one of the best natural beverages. It balances the body, provides a feeling of well-being and freshness and revitalises the body.
Two forms of coconuts have to be differentiated: The young green coconut which contains 90 % liquid, is full of vitamins and minerals, that are given to the patient after purgation, to regenerate the digestive system. The other, mature coconut with less juice and more meat is used for the preparation of herbal pouches for massage purposes.

Kampfkunst

Kalaripayattu, eine alte indische Kampfkunst

Martial Arts

Kalaripayattu, an old traditional form of martial arts

Kalaripayattu

Kalaripayattu sieht mit seinen fließenden Bewegungen, Drehungen und hohen Sprüngen einem Kampftanz ähnlich. Die Geschmeidigkeit des Muskelgewebes wird noch von der ayurvedischen Massage unterstützt, die sich parallel zu diesem Kampfsport entwickelte.

Bei der Kalari-Uzhichil-Massage werden die vitalen Punkte des Körpers, die Marmas, gezielt belebt und die Energiebahnen stimuliert. Kalaripayattu hilft dem Therapeuten, sein eigenes energetisches Potenzial zu erhöhen. Während einer Massage nimmt er negative Energie des Patienten auf, die er beim morgendlichen Training ausleiten kann. Anschließend lädt er sich mit positiver Energie auf. Auch nutzt er bestimmte energetische Stellungen aus dem Kalaripayattu, um heilende Energie auf den Patienten zu übertragen. Zudem entwickelt er durch regelmäßiges Training eine bessere Kenntnis der 107 Marmas des Körpers. Jede einzelne Stellung dieser Kampfkunst trägt einen Tiernamen, hat einen besonderen Nutzen und eine spezielle Wirkung.

Kalaripayattu ist eine Kunst, bei der die Freude an der Bewegung, der Flexibilität und der Dynamik im Vordergrund steht. Dies führt zu Konzentration und Balance. Bei Fortgeschrittenen werden auch verschiedene Waffen wie das Schwert und das Schild verwendet.

Kalari wird auch der Raum genannt, in dem die hohen Künste des Menschen, die Kalas, gelehrt und geübt werden. Zu diesen Kalas gehören die unterschiedlichsten Wissenschaften und traditionellen Künste, wie zum Beispiel Heilkunst (Kalari Chikitza), Kampfkunst (Kalaripayattu), aber auch Musik und Tanz. Der Kalari wird traditionell rechteckig gebaut und in jeder der vier Ecken stehen Bilder von Hindu-Gottheiten. Vor jeder Sitzung wird zu Ehren der Lehrer dieser Kunst eine Öllampe angezündet. Zu Beginn berührt der Übende mit der rechten Hand den Boden und anschließend seine Stirn als Zeichen des Respekts vor seinem Lehrer und den anderen Gurus.

Kalaripayattu, diese alte indische Kampfkunst, wird heute weit über die Grenzen Indiens hinaus praktiziert, nicht zuletzt, weil sie unter anderem zum Abbau von Stress beiträgt.

KALARIPAYATTU

Kalaripayattu resembles a martial arts dance with its flowing sequences of movements, turns and high jumps. The muscle tissue's suppleness is further supported by ayurvedic massages, which were developed at the same time as the Kalaripayattu. The Kalari-Uzhichil massage targets the vital points of the body, called Marmas, as well as the meridians. Kalaripayattu also helps the therapist to increase his own energetic potential. During the course of the massage he absorbes the negative energy of the patient and releases it in his morning training. He then recharges himself with positive energy. He also uses particular energetic positions taken from the Kalaripayattu to transfer healing energy to the patient. In addition he develops a regular training program to improve his knowledge of the body's 107 Marmas. Each posture bears the name of an animal and has its own unique benefit and curative effect.

Kalaripayattu is an art form, in which the joy of movement, the flexibility and the dynamics have priority. This leads to concentration and balance. Advanced practitioners extend their training with the introduction of various weapons including the sword and shield.

The name Kalari also refers to the space where the high art forms of human beings, the Kalas are taught and practised. These Kalas include several other traditional sciences and arts, for example the art of healing (Kalari Chikitza), martial arts (Kalaripayattu), but also music and dance. The construction of the Kalari follows traditional principles: it is rectangular and Hindu deities are represented in each corner. Before every session an oil lamp is lit in reverence to all the gurus (masters) of the Kalari. As a sign of respect, the student touches the ground with his right hand and then his forehead.

The rediscovery of this old traditional martial art has gained worldwide interest as, among other things, it contributes to the reduction of stress.

Yoga

Yoga und Ayurveda haben das gemeinsame Ziel, innere Balance und Wohlbefinden wiederzugewinnen.

Yoga goes hand in hand with Ayurveda, both aim to regain inner balance and well-being.

Yoga im Kalari

Yoga im Kalari umfasst eine Reihe geistiger und körperlicher Übungen wie Hatha Yoga, Meditation und Pranayama. Diese Art von Yoga ist für alle zugänglich, Alter oder Vorkenntnisse spielen keine Rolle. Jeder erhält zunächst eine individuelle Einführung und wird so lange unterstützt, bis er an der Yogagruppe teilnehmen kann. Ziel des Yoga im Kalari ist geistige Konzentration und ein verbessertes körperliches und seelisches Wohlbefinden. Die regelmäßigen Übungen dienen der Entspannung und wirken sich positiv auf die Lebensenergie aus.

Yoga at Kalari is based on the Hatha style of yoga, which concentrates mainly on the practice of physical postures (Asanas) with an emphasis on meditation and Pranayama breathing techniques. This kind of yoga is accessible to all. There is no age limit and no previous knowledge or experience required. Everybody is initially supported on an individual basis until they are ready to partake in the group exercises. This complete body and mind experience at Kalari is aimed at improving health and total well–being. Regular practice will help the body to relax and to restore energy and inner balance.

Vajrasana

Roaring lion

Butterfly pose

Shoulder rotation

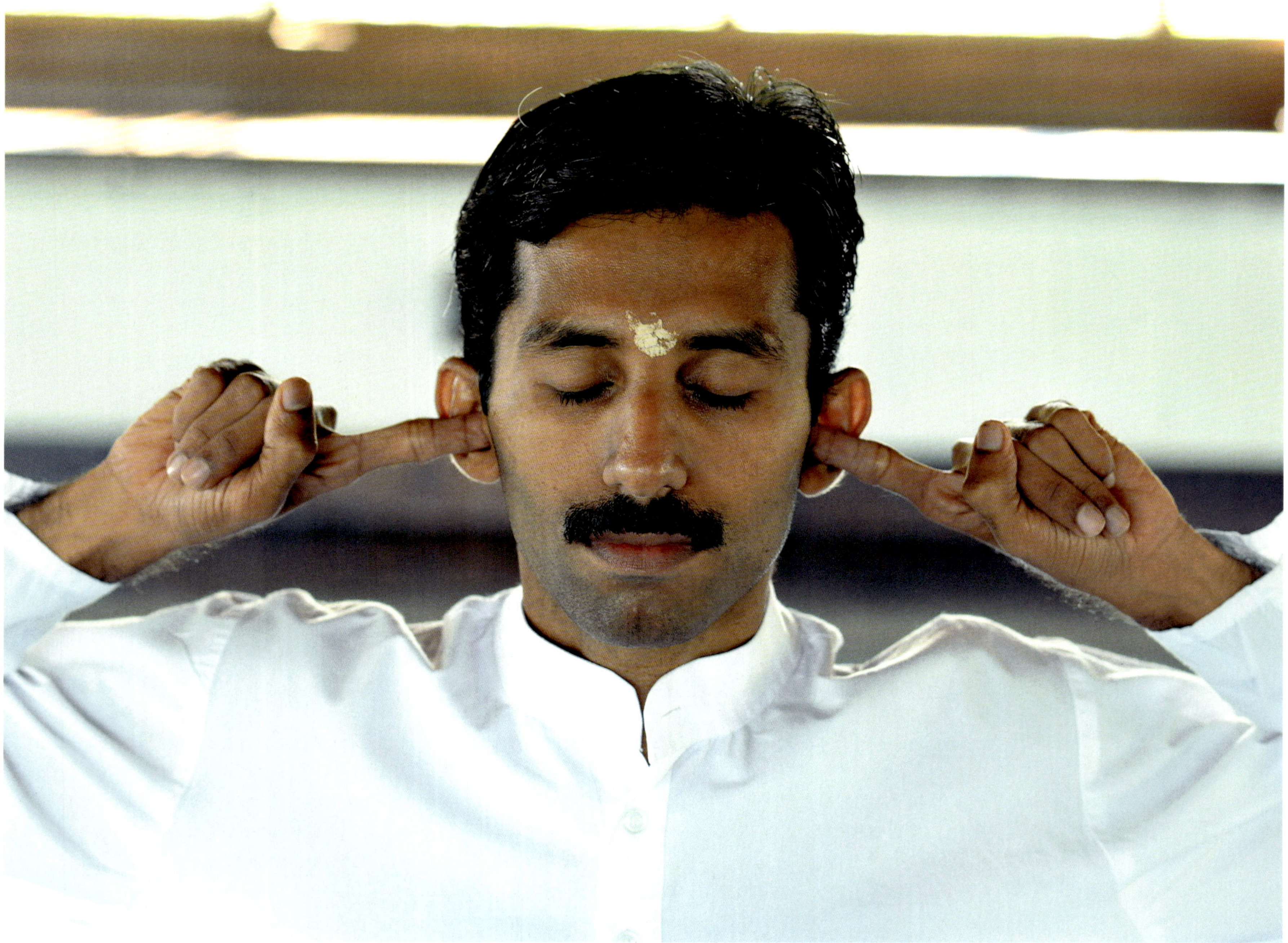

Humming bee

Alternate nostril breathing

Die Augen geschlossen halten, dem Atem folgen, um ganz bei sich zu sein. Nichts erzwingen wollen, nur den Gedankenfluss geschehen lassen und betrachten. Sich geborgen fühlen, begleitet von einem Gefühl von Leichtigkeit und Gelassenheit.

Keep your eyes closed, follow your breathing. Simply observe your flow of thoughts and feel your inner self. Just enjoy the lightness and equanimity of a peaceful mind.

Für die Meditation im Kerzenlicht sitzen die Teilnehmer in kleinen Gruppen und fixieren minutenlang intensiv die Flamme. Nach einer Weile schließen alle die Augen, sehen dieses Licht vor ihrem inneren Auge und versuchen, dieses Bild zu bewahren. Die Meditation wird wiederholt und mit einem gemeinsamen Gebet beendet.

To perform candlelight meditation the group is sitting around a candle, gazing at the flame for several minutes. After a little while they close their eyes. A light appears before their inner eye and they try to hold on to the image. They repeat this meditation and pray together.

„Der Geist kann auch durch Atemübungen beruhigt werden.“ Patanjali

„The mind may also be calmed by expulsion and retention of the breath.“ Patanjali

Yoga leben

Jeder Tag bietet die Chance, Yoga zu einem Bestandteil seines Lebens werden zu lassen. Schon einige wenige Übungen, regelmäßig durchgeführt, können viel zum Wohlbefinden beitragen. Leben mit Yoga schenkt dauernde Gelassenheit und Ruhe. Nachfolgend ein paar einfache Schritte, um diesen Weg zu gehen:
wechselnde Nasenlochatmung am Morgen nach dem Duschen | Pranayama (Atemübungen) vor den Mahlzeiten | nach dem Essen im Vajrasana sitzen | so oft wie möglich bewusst atmen | auf seinen Geist achten. Zu sich selbst sagen: „Ich weiß, was ich tue." | Schulter- und Nackenübungen nach langem Sitzen | Bienenatmung vor dem Einschlafen.

Every day an opportunity is provided to make yoga an integral part of your life. Just practising a few yoga exercises regularly can contribute to a sense of well–being. Adding yoga to your life will invoke a state of relaxation and peace throughout the day. Here are some simple steps which can help you to reach that state:
alternate nostril breathing after showering in the morning | practice Pranayama (breathing exercises) before meals | sit in Vajrasana after meals | concentrate on your breathing as often as possible | focus on your mind. Say to yourself „I know what I am doing" | shoulder rotation exercises and neck movements when you have been sitting for a long time | practice "humming bee breathing" before going to sleep.

Shaanti mantra

OM SHANAA VAVATU
SHANOW BHUNAKTHU
SAHAVEERY AM KARA VAAVAHAI
TEJAS VINAA VADHEE TAMASTU
MAA VIDVISHAA VAHAI
OM SHAANTI SHAANTI SHAANTI

Das Singen von Mantras hat eine gesundheitsfördernde Wirkung und bringt Körper und Seele zur Ruhe.

Om, may the Lord protect both
teacher and the disciple
may he nourish us both
may we both work together
with greater energy may our
study be vigorus and effective
May we never feel ill-will
towards each other
Om peace, peace, peace

Chanting Mantras helps to calm body and mind and has good healing properties as well.

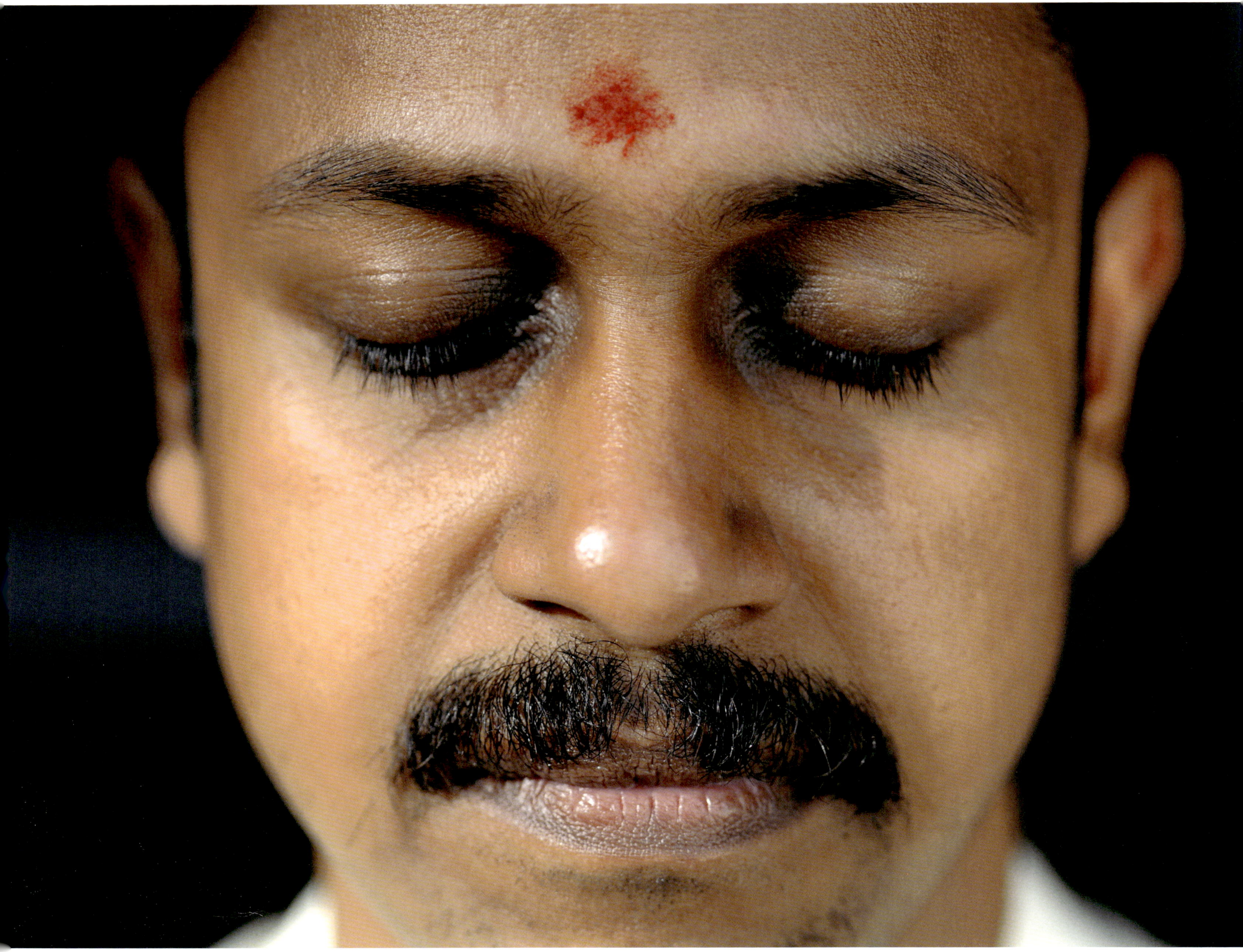

Karma yoga

Karma bedeutet Aufgabe oder Arbeit und Yoga steht für inneren Frieden.
Karma Yoga ist das Erlernen von Einheit im alltäglichen Leben: sich mit vollem Engagement und ganzem Herzen seinen Aufgaben widmen und sie so gut wie man kann durchführen, sich konzentrieren auf den Augenblick und sein „kleines Ich" auslöschen.

Karma means work and yoga means peace of mind.
Karma yoga is the way to learn to be at peace with oneself in every day life: to engage yourself fully and whole-heartedly dedicate yourself to your tasks and see them through as best as you can, concentrate on the moment and extinguish the "little I".

Ernährung

Ausgewogene Nahrung wird im Ayurveda als Medizin angesehen.

Food

Balanced food is seen as a healing medicine in Ayurveda.

Ayurveda beruht auf zwei Grundprinzipien, Pancha Mahabhuta und Tridosha. Pancha Mahabhuta bezieht sich auf die Lehre von den fünf Elementen Erde, Wasser, Feuer, Luft und Äther, die überall in der Natur und auch in jedem Menschen zu finden sind. Tridosha bezeichnet die drei Bioenergien Vata, Pitta und Kapha, die das Leben aufrecht erhalten. Vata ist zuständig für die Bewegung im Körper, Pitta für den Stoffwechsel und Kapha für die Versorgung der Zellen und der Gewebe. Das Gleichgewicht der drei Bioenergien ist die Grundbedingung für unsere Gesundheit.

Ayurveda is based on two principles: Pancha Mahabhuta and Tridosha. Pancha Mahabhuta refers to the 5-elements-theory – earth, water, fire, air and ether, which are present in each of us and everywhere in nature. Tridosha is the theory of the three bio-energies – Vata, Pitta, Kapha, which maintain life. Vata is responsible for movement in the body, Pitta for metabolism and Kapha for the nutrition of cells and tissues. The balancing of the three bio-energies is the fundamental condition to obtain a healthy constitution.

Unsere Nahrung sollte sich auf frische Lebensmittel konzentrieren, die möglichst naturbelassen verwendet werden. Die ayurvedische Ernährungslehre unterscheidet sechs Geschmacksrichtungen, die jeweils zweien der fünf Elemente zugeordnet sind: süß – Erde und Wasser, sauer – Erde und Feuer, salzig – Wasser und Feuer, scharf – Luft und Feuer, bitter – Luft und Äther, herb – Luft und Erde.

Diese sechs Geschmacksrichtungen wirken auf die Elemente und haben eine essenzielle Bedeutung. Mit ihrer Hilfe nehmen wir auch Einfluss auf unser Wohlbefinden. Um zu gesundem Gleichgewicht zurückzufinden, sollten wir unserer Nahrung jene Elemente zuführen, die uns fehlen, und solche reduzieren, die eine vorherrschende Rolle eingenommen haben. Zum Beispiel sollte eine Person, die vorwiegend Äther und Luft in ihrer Konstitution hat, die Geschmacksrichtungen süß-sauer-salzig bevorzugen, um sich zu erden.

Nach den ayurvedischen Prinzipien haben Nahrungsmittel therapeutische Eigenschaften. Wir können durch die Anwendung von Kräutern und Gewürzen auf diese Eigenschaften einwirken. Zum Beispiel haben Ingwer und Knoblauch eine wärmende Wirkung. Zugleich wirkt sich auch die „scharfe" Geschmacksrichtung von Ingwer und Knoblauch auf die Elemente aus. Sie erhöht das Feuer und trocknet aus: Wir fügen unserem Körper die beiden Elemente Feuer und Luft zu. In diesem Sinne benutzt die ayurvedische Küche viele Gewürze, die die Verdauung und die Gesundheit unterstützen.

We should eat fresh and, if possible, organic food. The ayurvedic dietetics distinguish six different tastes which are connected to the five elements: sweet – earth and water, sour – earth and fire, salty – water and fire, pungent – air and fire, bitter – air and ether, astringent – air and earth.

The six senses of taste interact with the elements and are of essential importance. With their help we can influence our sense of well–being. To reach a healthy balance, it is essential to add all of the elements that are missing in our nutrition and reduce those that played a dominating role. For example: people who predominantly have air and ether in their system should favour the sweet-sour-salty taste in order to ground themselves.

According to ayurvedic principles, food is of therapeutic value. We can enhance these properties with the use of herbs and spices. For example: ginger and garlic produce a warming effect. At the same time, the pungent taste of both acts on the elements. It increases fire in the body and dehydrates: we add the two elements fire and air to our body. With this in mind, ayurvedic cuisine uses a variety of spices to support digestion and health.

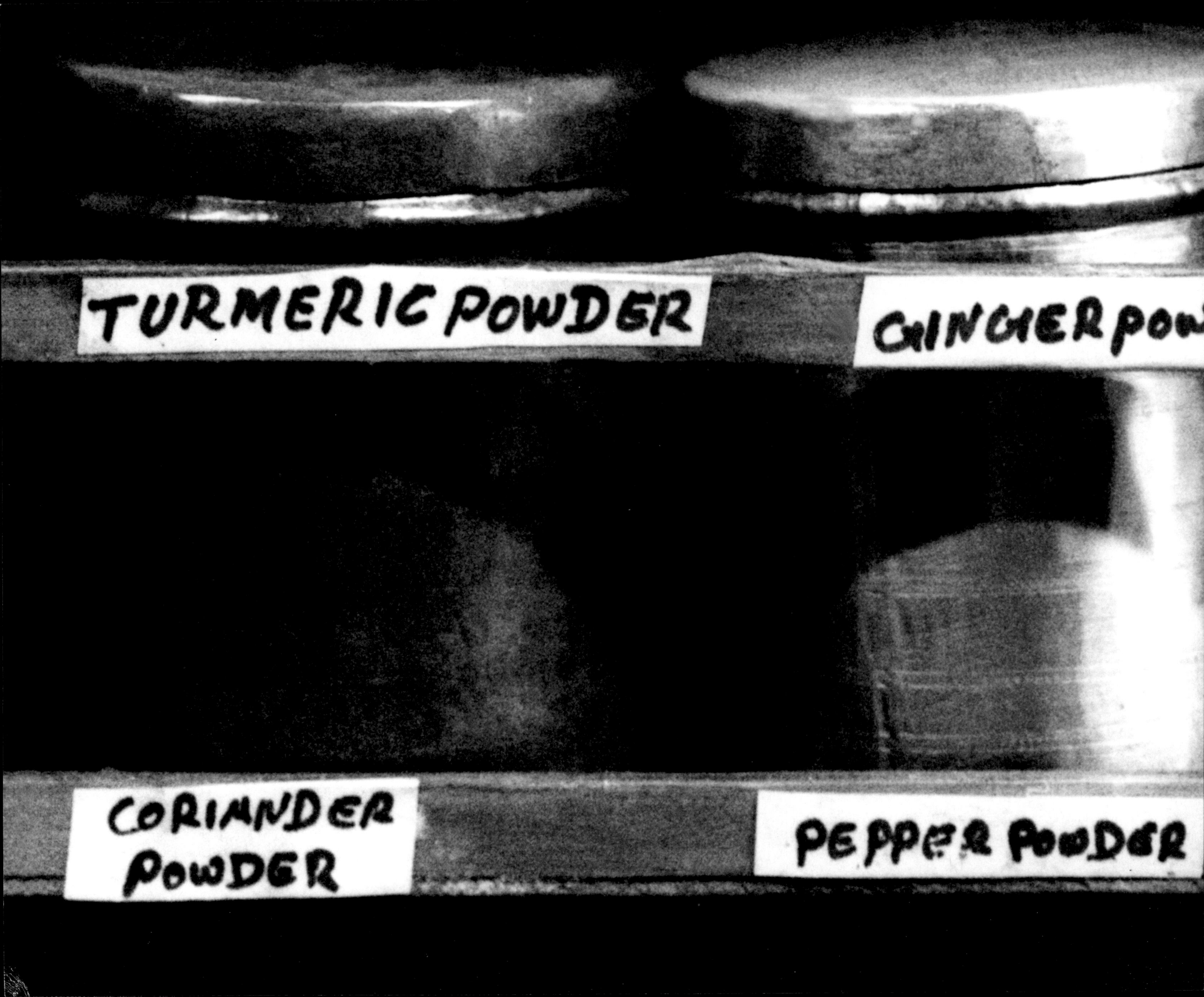
TURMERIC POWDER
GINGER POW
CORIANDER POWDER
PEPPER POWDER

JEERA POWDER
SALT
CUMEN SEED

Dosa

Jeder Mensch besitzt von Geburt an eine individuelle Grundkonstitution. Unter Konstitution wird im Ayurveda eine spezifische Zusammensetzung der fünf Elemente Erde, Wasser, Feuer, Luft und Äther verstanden. Diese individuelle Mischung verleiht jedem von uns seine Besonderheiten und bestimmt unsere Anlagen, unsere Persönlichkeit, unsere natürlichen Neigungen und Fähigkeiten und auch unsere Anfälligkeit für gewisse Erkrankungen. Richtige Ernährung ist das Fundament für die Vorbeugung von Krankheiten und für ein gesundes und glückliches Leben. Wir haben ein natürliches Bedürfnis, uns ausgewogen zu ernähren und im harmonischen Gleichgewicht zu bleiben. Leider lassen wir uns kaum von diesem Instinkt leiten, wir stillen oft nur unseren Hunger. Wir essen häufig unbedacht und schnell und meistens ungesunde Nahrungsmittel, die uns nicht wirklich sättigen.

Each person is born with a individual constitution. What is implied by constitution in Ayurveda, is a specific combination of all five elements – earth, water, fire, air and ether. This individual composition confers specific features and characteristics to each of us. It influences our personality, natural predispositions and abilities as well as our sensitivity for certain diseases. Adequate nutrition is fundamental for preventing ailments and for a happy and healthy life. Our body is gifted with a natural desire for a balanced diet and for living a life in harmony. Unfortunately we are not mindful of this instinct and many times just satisfy our hunger. We mostly eat carelessly and don't provide our body with the healthy food it truly needs.

Der ayurvedische Arzt erstellt in Kalari für jeden Gast einen individuellen Speiseplan, der täglich an seinen Gesundheitszustand angepasst wird. Gesunde und ausgewogene Ernährung wird als Medizin angesehen, um die Kontrolle über den eigenen Körper zurückzuerlangen.

Ayurvedic doctors decide on an individual diet for each guest, which is adjusted daily to his constitution and needs. Healthy and balanced nutrition is viewed as medicine to regain control of our body.

Das Essen sollte nährend und aufbauend sein, es besitzt heilende Kraft. Dabei sollten bestimmte Regeln eingehalten werden: Unsere Speisen sollten schmackhaft zubereitet und leicht zu verdauen sein. Essen sollte man erst, wenn der Magen leer ist, und dies in vernünftigen Mengen (ein Drittel Nahrung, ein Drittel Wasser, ein Drittel Leerraum im Magen). Die Lebensmittel sollten aufeinander abgestimmt werden, damit sie zusammenpassen und unsere Bedürfnisse erfüllen. Die Zeit zum Speisen und die Atmosphäre spielen ebenfalls eine wichtige Rolle. Wir sollten unsere Nahrung in aller Ruhe und bewusst kauen und genießen. Nach jedem Essen sollte ein Zeitraum von drei bis vier Stunden für die Verdauung berücksichtigt werden.
Ziel ayurvedischer Ernährung ist es, die Balance wiederzuerlangen und sich wieder in Einklang mit sich selbst zu fühlen.

Our food should be nutritious and help build us up. It possesses healing powers. Certain rules are to be followed: We should eat only on an empty stomach and in appropriate quantities (one third food, one third water, one third empty space in the stomach). The various foods should be well matched in order to complement each other and satisfy our needs. The time of day we eat and the atmosphere surrounding us play an important role. We should eat calmly and consciously chew and enjoy our food. After every meal we should allow a period of three to four hours for purposes for digestion.
The goal of ayurvedic nutrition is to restore balance and a feeling of harmony with our inner selves.

Der Mittelpunkt sämtlichen Lebens im Kalari ist die Veranda. Sie ist auch das Reich Sreejiths, der seine Anwesenheit kaum bemerkbar macht: Er spricht leise und langsam und bewegt sich noch langsamer. Umso schärfer ist seine Aufmerksamkeit, jeden Wunsch von unseren Blicken abzulesen.
Ein großes Schild an der Decke mit der Bitte „Let us all not disturb the silence" erinnert daran, während des Essens so wenig wie möglich miteinander zu reden. Im Augenblick zu leben heißt, auch unsere Nahrung bewusst zu genießen.

The patio is the center of social life in Kalari. It is also the kingdom of Sreejith who's presence is hardly noticeable: he speaks softly and slowly and moves even more slowly. With his keen attentiveness he is able to read our every wishful glance.
A large wooden plate hanging down from the ceiling with the words "Let us all not disturb the silence", reminds us while eating to speak as little as possible with one another. To live in the moment also means to enjoy food consciously.

Let us all not D

sturb the Silence

Der Abend bringt die Dunkelheit, die Nacht bricht herein. Die Veranda schwebt in Wolken dichter „Nebelschwaden“. Ein starker Incenseduft wird von Babu als natürlicher Schutz gegen indische Mücken verteilt. Dieses Räucher-Ritual wird begleitet vom Klang der Glocke, der uns zum Essen einlädt.

With evening arrives the darkness, the night closes in. The patio is enveloped in wafts of mist. Babu burns incense as a natural repellent against Indian mosquitoes. This ritual is accompanied by the ringing of bells inviting us to the evening meal.

Klassischer Tanz

Tanz der Liebe, um die Götter zu ehren

Classical Dance

Love dance in honour of the deities

Die Tänzer treten in farbenprächtigen Gewändern ein, sie tragen prachtvollen Schmuck und an ihren Fesseln metallene Glöckchen. Es folgt ein Moment der Stille und der Besinnung, eine Huldigung an die Erde. Sie berühren den Boden und danach die Instrumente und die Beine des Sängers und der Musiker und begrüßen das Publikum: „Namaskaram."

Dann setzt sich alles in Gang: die Trommel (Mridangam), die Flöte, die Violine, das Harmonium werden mit den Tänzern und den klangvollen Rhythmen der Glöckchen an den Fußgelenken zu einem einzigen Musikwirbel.

Diese Tänze erzählen Geschichten aus der hinduistischen Mythologie. Sie wurden früher in den Tempeln aufgeführt und gelten als Tänze der Liebe und Anbetung der Götter. Die Tänzer sind Vermittler zwischen Himmel und Erde. Ihre Fußstellungen ergeben ein Muster und sollen gute Kräfte aus dem Universum anziehen.

Mridangam ist das wichtigste begleitende Rhythmusinstrument der karnatischen Musik. Diese beidseitig zu schlagende Trommel wird auch in religiösen Festen und Prozessionen verwendet, da sie in der hinduistischen Mythologie als Musikinstrument der Götter angesehen wird.

Musik und Tanz waren täglicher Bestandteil des Palastlebens. Im Poomukham, einem reich verzierten Bereich im vorderen Teil des Hauptgebäudes, traten abends einige berühmte südindische Musiker vor ausgewähltem Publikum auf. Hier wurden Gäste empfangen und geehrt. Die Tradition, im Poomukham Musik zu spielen, lebt bis heute weiter.

The dancers appear in a blaze of colours in their rich garments and gorgeous jewellery with small metal anklet bells. What follows is a moment of silence and reflection, an homage to mother earth: The dancers first touch the ground, then the musical instruments and the feet of the singer and the musicians and greet the audience: „Namaskaram."
Then everything enters into movement: The drum (Mridangam), the flute, the violin, harmonium and together with the dancers and the melodious rhythm of the anklet bells they join into a whirl of music. These dances depict stories of Hindu mythology. In the past they were performed in the temple and are recognized as dances of love and worship of the deities. The dancers are regarded as mediators between heaven and earth. The movement of their feet draws patterns on the floor which are said to attract good energy from the Universe.
Mridangam is the most important rhythmic instrument in Carnatic Music. This double-sided drum is used also for religious festivals and processions, as it is known as the „Instrument of the Gods" in Hindu mythology.
Music and dance were a daily part of palace life, and some of South India's greatest classical musicians have performed at intimate musical evenings at the Poomukham, a richly ornamented part of the main building. Guests were received and honoured here. The tradition of playing music here continues.

Mridangam

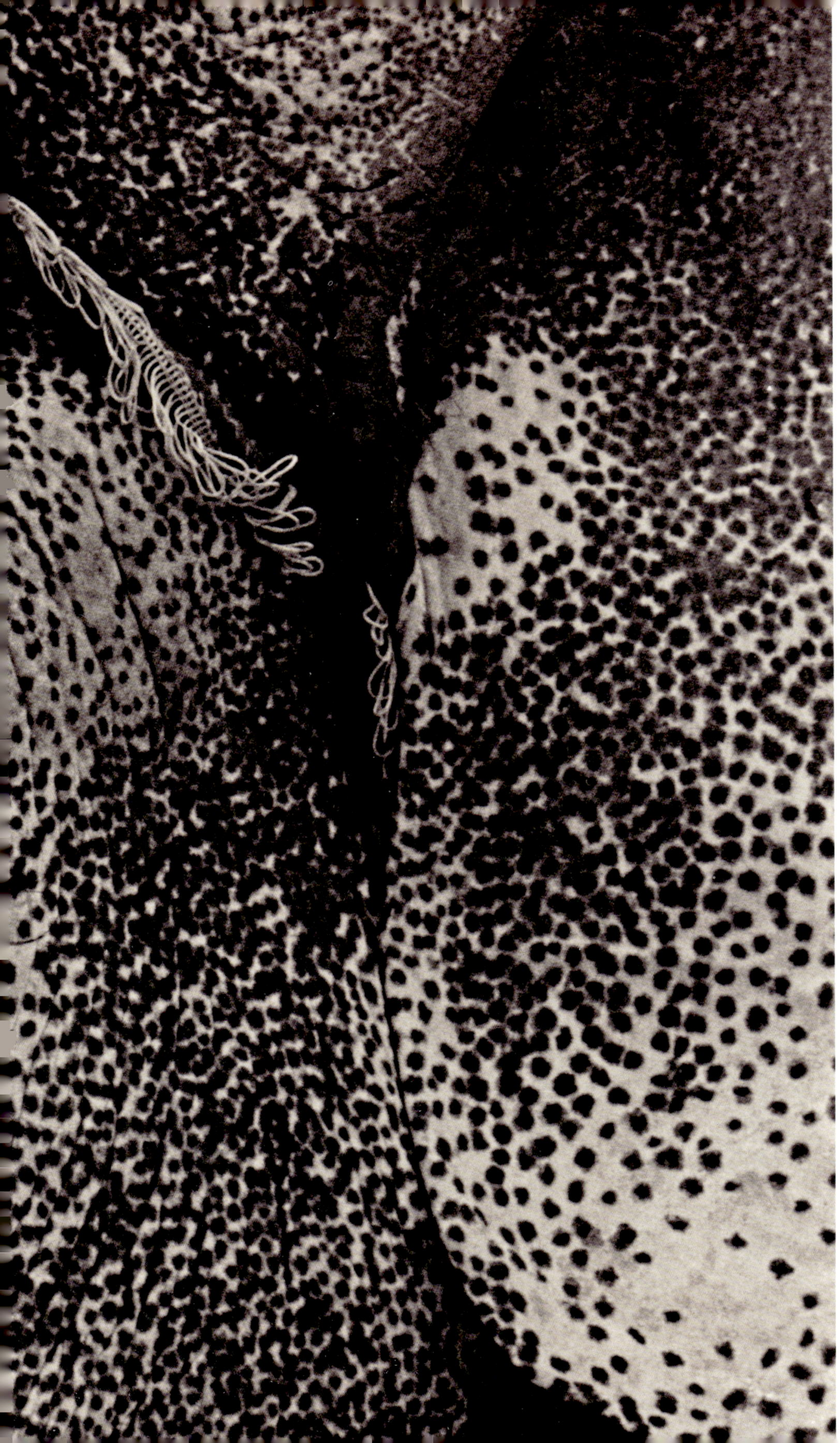

Arattu

Arattu, das prunkvolle Tempelfest Keralas

Festival

Arattu, Kerala´s magnificent temple festival

Festival

Das Tempelfest Arattu findet jedes Jahr in der ersten Januarwoche in Kollengode statt.
Das Fest wird zu Ehren der Gottheit Avvappan ausgerichtet. Ihr Schrein befindet sich im Herzen der kleinen Stadt.
Für Arattu muss zumindest ein geschmückter Elefant anwesend sein. In Kollengode, für dessen Bevölkerung dieses Fest von ganz besonderer Bedeutung ist, nehmen sogar sieben Elefanten an der farbenprächtigen und prunkvollen Prozession teil, die sich bis weit nach Mitternacht hinzieht.
Die Elefanten werden auf das Palastgelände geführt und dort gefüttert, mit Wasser versorgt und später mit kunstvoll verziertem Kopfgeschirr geschmückt. Nach einer Opfergabe im Tempel von Kovilakom windet sich die prachtvolle Prozession durch die Straßen der Stadt und wird von Panchavadhyam, einem aus fünf verschiedenen Instrumenten bestehenden klassischen Musikensemble, begleitet. Hunderte von Musikern schlagen in schnellen, ohrenbetäubenden Rhythmen auf ihre Trommeln und ziehen alle Anwesenden in ihren Bann.
In dieser Zeit herrscht in Kollengode Karnevalsstimmung. Die Läden quellen über von Lebensmitteln aus der Gegend, in der Hauptstraße reihen sich Stände mit lokalen Speisen, bunten Spielsachen und knallbunten Süßigkeiten aneinander. Die Menschen aus der ganzen Umgebung strömen in die kleine Stadt, und zur Feier des Tages sind die meisten Tempel mit leuchtenden Blumengirlanden und mehrstöckigen Öllampen dekoriert.
Bei Einbruch der Dunkelheit spiegeln sich die Lichter in den funkelnden Geschirren der Elefanten und verleihen der Prozession eine zauberhafte Atmosphäre. Der Festzug endet dort, wo er angefangen hat: vor dem Tempel im Garten.
Ein einzelner Elefant umkreist in einer bewegenden Abschlussfeier die Gebetsstätte. Dieser Brauch ist als Sheveeli bekannt.
Mit diesem Ritual segnet der Gott, den der Elefant auf dem Rücken trägt, Kalari und die Gläubigen.

Festival

The Kollengode Arattu is a temple festival held annually, during the first week of January. The festival honours the deity Avvappan, whose shrine is situated in the heart of this town. There must be at least one ornately decorated elephant present at Arattu. In Kollengode, in recognition of the primary importance of this occasion for the inhabitants, seven elephants are showcased in a procession that is full of colour and pageantry and ends well past midnight.

Due to the Kovilakom's early connections with the Arattu, the elephants are brought into the palace grounds where they are fed, watered and later decorated with elaborately ornamented head harnesses. After a brief offering at the Kovilakom shrine, the magnificent procession wends its way around the town accompanied by „Panchavadhyam" – a classical musical ensemble of five different instruments that creates a fast moving percussion performance of great energy. During this time Kollengode is in a carnival mood. The shops are overflowing with the agricultural produce of the region and the main street is lined with local foodstuff, coloured toys and bright candy. People from the surrounding villages pour into town and in celebration of the day most of the local shrines are elaborately decorated with garlands of seasonal flowers and many-tiered oil lamps.

As night falls, the pageant takes on an ethereal atmosphere with the lights of the lamps reflecting off the bright ornaments of the elephants. The procession ends where it began – at the palace shrine. A single elephant partakes in a poignant closing ceremony circling the temple in the garden. This ritual is known as „Sheeveli". The Hindu God carried by the elephant blesses Kalari, the followers and the believers.

Aniyal

Diese schmückende Kunstform heißt Aniyal. Reismehl und Wasser werden gemischt und vor Häusern und Tempeln mit den Fingern aufgetragen. Die magischen Ornamente sollen Wohlstand bringen. Sie werden vor der Türschwelle aufgezeichnet und sind eine Gabe an alle Lebewesen dieser Erde.

Aniyal is a decorative art form using a mixture of rice-flour and water and applied by hand on the surfaces of houses and shrines. These magical ornaments are applied at house entrances as an offering to all living creatures on earth and they are believed to invite prosperity to the house.

Ein Ritual vor dem Beginn des feierlichen Umzugs.

A ritual before the commencement of the procession.

Der Kopfschmuck des
Elefanten wird geweiht.

The blessing of the ornamental
headgear of the elephant.

Neujahrsritual

New year's ritual

Deepastambam

Dieser „Turm des Lichts“ ist ein wichtiger Teil festlicher Anlässe und wird zu Ehren einer Gottheit entzündet.

This „tower of lights“ is an important part of festive occasions. It is lit to worship the deities.

SIVANAM
HEALTH CENTRE

Eine Menschenmenge versammelt sich vor dem Palast, um einer energiegeladenen Interpretation von Panchavadhyam Gehör zu schenken.

Crowds gather in front of the Palace to listen to an energetic rendition of Panchavadhyam.

Ein einzelner Elefant nähert sich dem Palastschrein für die Abschlusszeremonie.

A single elephant approaches the Palace shrine for the closing ceremony.

Die Abschlusszeremonie
vor dem Palastschrein

Sheeveli, the closing ceremony
at the Palace shrine

Sheeveli

Label showing elephants

Kollengode, Standort des Palastes und frühere Hauptstadt des alten Königreichs Vengunad, liegt am Fuße der südindischen Aanamalai-Berge. Diese Gegend bietet einer großen Anzahl wildlebender Tiere Schutz und ist Heimat für zahlreiche Elefanten. Die Rajahs von Vengunad sind bekannt dafür, Elefanten als Teil ihrer Menagerie gezüchtet und gezähmt zu haben. Im Laufe der Zeit wurde der Elefant ins Familienwappen aufgenommen und später auch in das Firmenzeichen von CGH Earth Experience integriert.

Kollengode, the location of Kalari Kovilakom, was once the capital of the ancient kingdom of Vengunad, situated at the foot of South India's Aanamalai Hills. The hill range, which teems with wild life, is also home to large populations of elephants. In the early days, the Rajahs of Vengunad are also known to have raised and domesticated elephants as part of their menagerie. In the course of time the elephant was absorbed into the family crest and, later, transformed into the CGH Earth Experience of the Palace.

Votive lamp at the Tulsi Tara

Tulsi, auch Heiliges Basilikum genannt, ist eine im Ayurveda oft genutzte aromatische Pflanze. Sie wird zur Vorsorge und Heilung vieler Erkrankungen, wie Erkältungen, Magenbeschwerden und Entzündungen verwendet. Man schätzt sie auch für ihre Cholesterol senkenden Eigenschaften. In der indischen Mythologie hat sie eine besondere Bedeutung, wird verehrt und schon die alten Inder waren sich ihrer wertvollen Qualitäten bewusst. Der kleine Altar mit der Tulsi-Pflanze war immer integraler Bestandteil des Kalari Kovilakoms.

Tulsi or Sacred Basil is an aromatic plant commonly used in Ayurveda. The plant's extracts are used to prevent and cure many ailments including common colds, stomach disorders and inflammation. It is also highly valued for its cholesterol lowering properties. Ancient Indians, possibly understanding its potent natural qualities, raised this plant to mythological status, causing it to be worshipped. The Tulsi Tara (a raised platform housing the Tulsi plant) has always been an integral part of Kalari Kovilakom.

Palm leaf manuscript

Im Kovilakom wurden die Ereignisse auf Palmblättern, Ola genannt, aufgezeichnet. Die Blätter der Palmyra-Palme wurden einheitlich geschnitten, geräuchert, poliert und mit einer Kordel zusammengebunden, die durch eine runde Bohrung im Blatt gezogen wurde. Die Schrift wurde mit einem Griffel aufgetragen. Der Einband dieses „Buches" war aus verziertem Holz. Dieser Brauch wurde bis 1930 beibehalten. Von da an wurden die Aufzeichnungen auf Papier umgestellt.

At the Kovilakom, records of events were regurlarly inscribed on palm-leaves called Ola. As part of the process, the leaves of the palmyra tree, were cut uniformly, smoked, polished and strung together with a cord that was passed through a circular hole punched through the leaf. Letters were then inscribed on the leaf with a stylus. The entire „book" was bound in pierced wooden covers that were often carved or embellished. The practice of recording on Ola was maintained in the palace right up to the 1930s, after which time the records changed over to paper.

Family

Es war Brauch den Namen von Generation zu Generation weiterzugeben. Die sitzende Dame trägt denselben Namen wie ihre Großmutter Dhatri Thampuratti, die Kalari Kovilakom bauen ließ. Sie ist umgeben von ihren zwei Töchtern und ihrem Sohn (von links nach rechts) Meenakshi Thampuratti, Saradha Thampuratti and Ravi Varma Thampuran.

It was the practice for names to be passed on from generation to generation – the seated lady was named Dhatri Thampuratti after her grandmother, who built Kalari Kovilakam. She is surrounded by her two daughters and her son (left to right) Meenakshi Thampuratti, Saradha Thampuratti and Ravi Varma Thampuran.

Traditional sit-down luncheon

Meenakshi Thampuratti (4. von links) als Gastgeberin eines traditionellen Mittagessens im Sitzen mit ausländischen Würdenträgern. Aufgrund der damaligen extravaganten Lebenshaltung wurde das gesamte Bankett auf Tafelsilber serviert.

An unusual traditional 'sit-down' luncheon hosted for visiting foreign dignitaries by Meenakshi Thampuratti (fourth from left). Due to the extravagance of the era, the entire banquet was served on silverware.

Asthanam

Asthanam ist das sogenannte „Königin-Zimmer“ und einer der wundervollsten Plätze im Palast. Das Zimmer ist nach Westen orientiert, seine Bogenfenster aus buntem Glas lassen die Spätnachmittagssonne in farbigen Flächen auf Boden und Wänden schimmern. Prinzessin Jaishree: „Diese bunten Sonnenschattierungen geben dem Raum eine außergewöhnliche Atmosphäre, die den Träumen freien Raum lässt und die Kraft verleiht, sie zu verwirklichen.“

Asthanam is a room in the main building facing west, referred to as „the Queen's Room“ and one of the most gracious spaces in the palace. Princess Jaishree recounts that she „will always remember the late afternoon sun filtering through the ‚fans' of stained glass over the louvred windows and creating pools of coloured light on the walls and floors“. She adds that „this in itself gives the place an extraordinary atmosphere and staying there one could dream one's own dreams and find the vital energy to go forward and make them come true!“

Moon creeper

Der Saft dieser Pflanze ist bekannt für seine berauschende Wirkung und wird als Gabe an Gott Indra in den Veden erwähnt. Bei Vollmond geerntet soll diese milchige Flüssigkeit magische Eigenschaften haben. Sie personifiziert auch den Gott Shiva. Heute wird der Saft der Pflanze, Swarasa genannt, als Inhaltsstoff für medizinisches Ghee und Tabletten verwendet. Er wirkt stimulierend auf das Immunsystem, hilft bei viralen Infektionen und neurologischen Erkrankungen.

The juice of this plant is known for its intoxicating effect. It was used in Vedic offers to make the divine beverage for the God Indra. It was collected at full moon and the milky juice was supposed to have magical properties and personify God Shiva. In Ayurveda the juice of the plant called Swarasa is mixed with Ghee and tablets. It stimulates the immune system and is valued for treating infectious and nervous diseases.

Tulsi

Der Name Tulsi bedeutet „der Unvergleichliche". Die Staude gilt als heiliges Kraut und wird für das Gebet zu Gott Vishnu genutzt. Hindus glauben, dass Tulsi vor Krankheit schützt, wenn sie vor dem Haus gepflanzt wird. Sie wird auch verehrt und angebetet: In Kalari hat sie ihren Altar im Hof vor dem Eingang. Sie soll den Menschen Glück, Frieden und Liebe bringen. Ihre Blätter haben eine stark reinigende Wirkung und sind ein natürliches Schutzmittel gegen Insekten. Tulsi ist als Heilmittel sehr geschätzt, besonders bei Entzündungserkrankungen, zur Stärkung des Immunsystems, gegen Stress sowie wegen ihrer antibakteriellen Wirkung.

The name Tulsi connotes „the incomparable one". This venerated plant is used for the worship of Lord Vishnu. Hindus believe that planting Tulsi in the courtyard will protect them from illness. In Kalari it has its own small altar in front of the entrance. Ancient traditions proclaim honoring Tulsi will awaken pure love and bring peace and happiness. Its leaves have a strong cleansing effect that is known to purify the atmosphere and work as a natural repellent against insects. Tulsi has a great medicinal significance, and is particularly valued for its antibacterial properties. It can be used to cure inflammation, to prevent stress and to strenghten the immune system.

Arayal

Er wird von den Hindus „der Baum, der die Wünsche erfüllt" genannt. Buddha soll meditierend unter diesem heiligen Feigenbaum die Erleuchtung erlangt haben. Seine Früchte und seine Knospen gelten als abführend. Die Rinde des Baumes wird bei Leberproblemen angewendet, der Blätteraufguss bei Hauterkrankungen.

Hindus call it „the wish fulfilling divine tree". Buddah is believed to have achieved enlightenment while meditating under the Sacred Fig (species of the banyan tree).
The fruit and tender buds are used as a laxative. The bark of the tree is used to treat liver diseases while an infusion of the leaves is a remedy for skin troubles.

Arutha

Dieser Busch ist in Europa unter dem Namen „Ruta graveolens" bekannt. Sein Öl wirkt krampflösend und wird als Wurmmittel eingesetzt. Die Blätter werden zur Behandlung von Epilepsie und Amenorrhoe (ausbleibende Regelblutung) genutzt.

This plant is known as „ruta graveolens" in Europe. The oil of the plant is used as an anti spasmodic and antihelmintic. The leaves are used for treating amenorrhoea (absence of menstrual bleeding) and epilepsy.

Ashoka

Die Eigenschaften der Rinde und der Blüten dieses Baumes werden vor allem in der Frauenheilkunde geschätzt. Ashoka wird aber auch bei Erkrankungen wie Diabetes oder Blutkrankheiten angewendet.

The bark and flowers of this tree are used in gynecology. Ashoka is also valued when treating diabetes or blood diseases.

Brahmi

Dieses kriechende Kraut ist eine der wichtigsten ayurvedischen Anti-Aging-Heilpflanzen. Es stimuliert das Immunsystem und verbessert Gedächtnis und Konzentrationsfähigkeit. Zudem wirkt Brahmi auch hormonstimulierend, herzanregend und blutreinigend. Auch gilt es als starkes Nerventonikum.

This small creeping herb growing in marshy areas throughout India is one of the best rejuvenative herbs for brain cells and nerves, increasing memory and concentration. It cleanses, nourishes and boosts the immune system. Furthermore it purifies the blood and strengthens the heart and the hormone system.

Vayambu

Diese krautige Pflanze mit ihrem aromatisch riechenden Rhizom wird als Heilmittel für Epilepsie und Nervenstörungen verwendet. Vayambu gilt auch als Schmerzmittel, Beruhigungsmittel und hilfreich gegen Ruhr.

Vayambu is a herbaceous plant with aromatic rhizomes. Rhizomes are used for the treatment of epilepsy and other nervous disorders. They are also valued for their analgesic and sedative effect and for the treatment of dysentery.

Cardamom

Die aromatischen Kapseln dieser Gewürzpflanze werden sowohl in der Küche wie auch in der Volksmedizin geschätzt. Kardamom ist verdauungsfördernd, krampflösend und blähungstreibend, um nur seine wichtigsten Eigenschaften zu nennen. Heißes Wasser mit Kardamompulver ist ein gutes Mittel gegen Übelkeit und wirkt auch schleimlösend. Außerdem ist Cardamom stimmungsaufhellend.

The seed-pods of this spice plant have an exotic fragrance and are used in many dishes and valued for their medicinal properties in folk medicine. They are carminative and mainly used for stomach and digestive disorders. Cardamom powder mixed with warm water is helpful in treating nausea and reducing mucus formation. Cardamom is also said to induce clarity and joy.

Sweet basil

Die kleine Pflanze spielt eine große Rolle im Ayurveda. Sie wird sowohl zur Behandlung von Lebererkrankungen wie auch von Magen-Darm-Beschwerden benutzt. Sie wirkt auch krampflösend und schmerzlindernd. Der Saft hat antibakterielle Eigenschaften.

This small plant plays a major role in Ayurveda. It is used for treating liver and abdominal diseases. It has antispasmodic and analgesic properties. The juice of the plant has antibacterial qualities.

Ixora

In Hindu-Tempeln werden die Blüten dieses immergrünen Strauchs für das Gebet zur Göttin Durga benutzt. Sie gilt als der weibliche Ausdruck des Göttlichen und der kreativen Kraft. Mehrere Teile dieser Pflanze werden für die Behandlung von Hauterkrankungen und Verdauungsstörungen angewendet. Ixora besitzt entzündungshemmende Eigenschaften und ist bei Geschwüren wirksam.

The flowers of this evergreen shrub are used in Hindu temples to worship the Goddess Durga. The plant represents the divine and creative feminine force. Various parts of the plant are valued for treating skin diseases and abdominal problems like colics and indigestion. Ixora is also believed to have anti-inflammatory properties and is effective against ulcers.

Bringaraja

Diese kriechende Pflanze mag feuchten Boden. Ihr Saft stimuliert die Leberfunktionen und wird außerdem bei Geschwüren eingesetzt. Bringaraja ist gut gegen Haarausfall und soll die Sehkraft verbessern.

A creeping and moisture-loving herb. The juice of the plant stimulates the functions of the liver and is also used for treating ulcers. Bringaraja promotes hair growth and strenghtens the roots and is believed to improve eyesight.

Betel leaf

Diese Kletterpflanze wird auch Champaka genannt. Die Rinde und die Blätter haben eine antibakterielle und entwässernde Wirkung. Beide werden auch als fiebersenkendes Mittel eingesetzt. Das aus den Blüten dieser Pflanze gewonnene Öl hilft gegen starke Schmerzen bei Rheuma und Migräne.

Champaka is another name for this climbing plant. The bark and leaves have a antibacterial and diuretic effect. They are also considered as febrifugal (fever reducing). The flower oil of the plant is used in treating cephalgia (migraine) and rheumatism.

Neem

Der immergrüne hohe Baum wird in Indien die „Dorfapotheke" oder der „Allesheiler" genannt. Jeder Teil des Baumes besitzt medizinische Heileigenschaften. Besonders wirksam sind die Rinde, das Öl und die Blätter, die eine antibakterielle Wirkung haben. Bei Hauterkrankungen und Allergien ist Neem sehr hilfreich. Er wirkt auch entzündungshemmend und schmerzlindernd.

This fast growing evergreen tree is known in India as „the village pharmacy" or „heal all" for all diseases. All parts of the tree have medicinal properties. Especially bark, leaves and oil have an antibacterial function. Neem is valued for treating skin diseases and allergies. It has anti-inflammatory and pain relieving qualities.

Karpoora

Ein starker Kampfergeruch kennzeichnet diese Pflanze. Deshalb wird sie auch als Schutzmittel gegen Insekten geschätzt. Außerdem wirkt sie antibakteriell und krampflösend. Der Tee mit Karpoora Tulasi lindert Magenkrämpfe und hilft bei Erkältung und Husten.

This small plant is characterised by a strong aromatic camphor odor. It is valued as a good mosquito repellent because of its insecticidal properties. It is also used as a spasmolytic and an antibacterial remedy. Tea made of Camphor Basil can be used to soothe stomach cramps and is helpful against colds and coughing.

Ritual prayer

Bevor der Arzt oder der Therapeut eine Medizin verabreicht oder eine Behandlung beginnt, bittet er um die Hilfe Gottes, des höchsten Heilers.

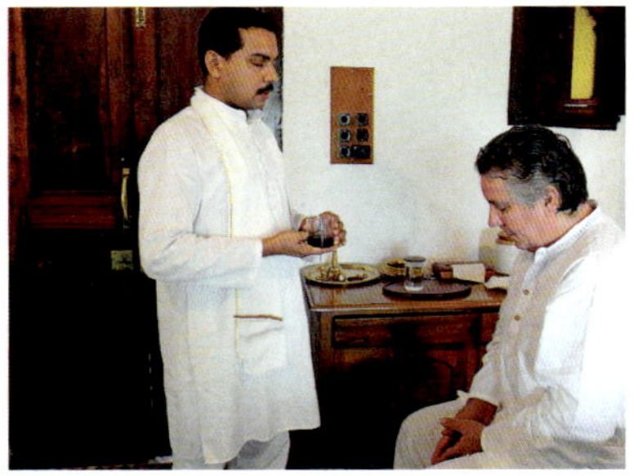

Before a doctor or therapist administers medicine and treatment he recites a Mantra appealing to God, the king of Vaidya (doctor or healer), requesting his help.

Pulse diagnosis

In der Pulsdiagnose empfängt der ayurvedische Arzt die sanfte Botschaft unseres Körpers. Der Puls wird mit drei Fingern, Zeigefinger, Mittelfinger und Ringfinger, gefühlt. In der ayurvedischen Medizin gibt der Puls unter anderem durch seine Frequenz, seine Kraft und seinen Rhythmus Auskunft über vorhandenes Ungleichgewicht und spiegelt die Konstitution der Person wider. Der Arzt erhält damit ein Gesamtbild seines Patienten und kann die heilenden Maßnahmen ergreifen (Ernährung, Behandlungen und Einnehmen von Präparaten).

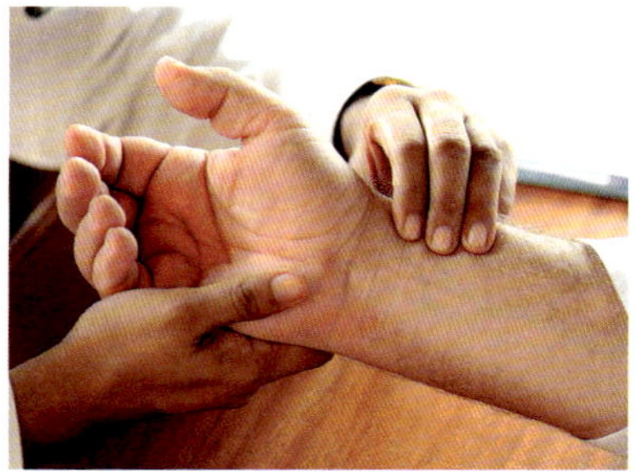

In ayurvedic medicine the pulse is used as a diagnostic tool to determine any imbalance and to become better acquainted with the constitution of the individual. Ayurvedic doctors take the pulse with three fingers, index, middle finger and ring finger adjusted along the underside of the arm. It is not only the rate of the pulse that is taken but also the movement, quality, strength and rhythm. This method allows the doctor a general overview of the patient. He can then decide upon the treatment (diet, type of massages and medicine to be taken).

Ritual lamp

Wie ein gutmütiger Wächter hütet die Öllampe das Ayurvedahaus. Sie wird jeden Morgen als Willkommenzeichen angezündet und soll vor unerwünschten Schwingungen schützen.

Like a good-natured watchman the oil-lamp looks after the house of Ayurveda. It is lit every morning as a welcoming sign and is believed to keep evil energies away.

Neem

Massagetische werden aus dem Holz des Neem-Baumes gefertigt. Schon das Liegen auf diesem Holz wird als Heilmittel angesehen. Neem-Holz ist gut für die Haut und hat eine desinfizierende Wirkung. Zudem wird der Metabolismus aktiviert und die Ausleitung von Ama gefördert. Der Neem-Baum wird in Indien als Glücksbringer angesehen. Alle Teile des Baumes (Früchte, Samen, Öle, Blätter und Wurzeln) finden in der ayurvedischen Medizin Anwendung. Neem gilt als Allheilmittel für alltägliche Beschwerden.

The timber of the Neem tree is used to make the massage tables. Simply lying on the wood is considered to cure diseases, especially skin ailments due to the disinfecting nature of Neem. It helps to eliminate Ama (toxins) and activates the metabolism. In India, the Neem tree is popularly known as a tree of good fortune. Each part of the Neem tree is used in Ayurveda (fruit, seeds, oil, leaves and roots). It is seen as a miracle tree, able to cure all common diseases.

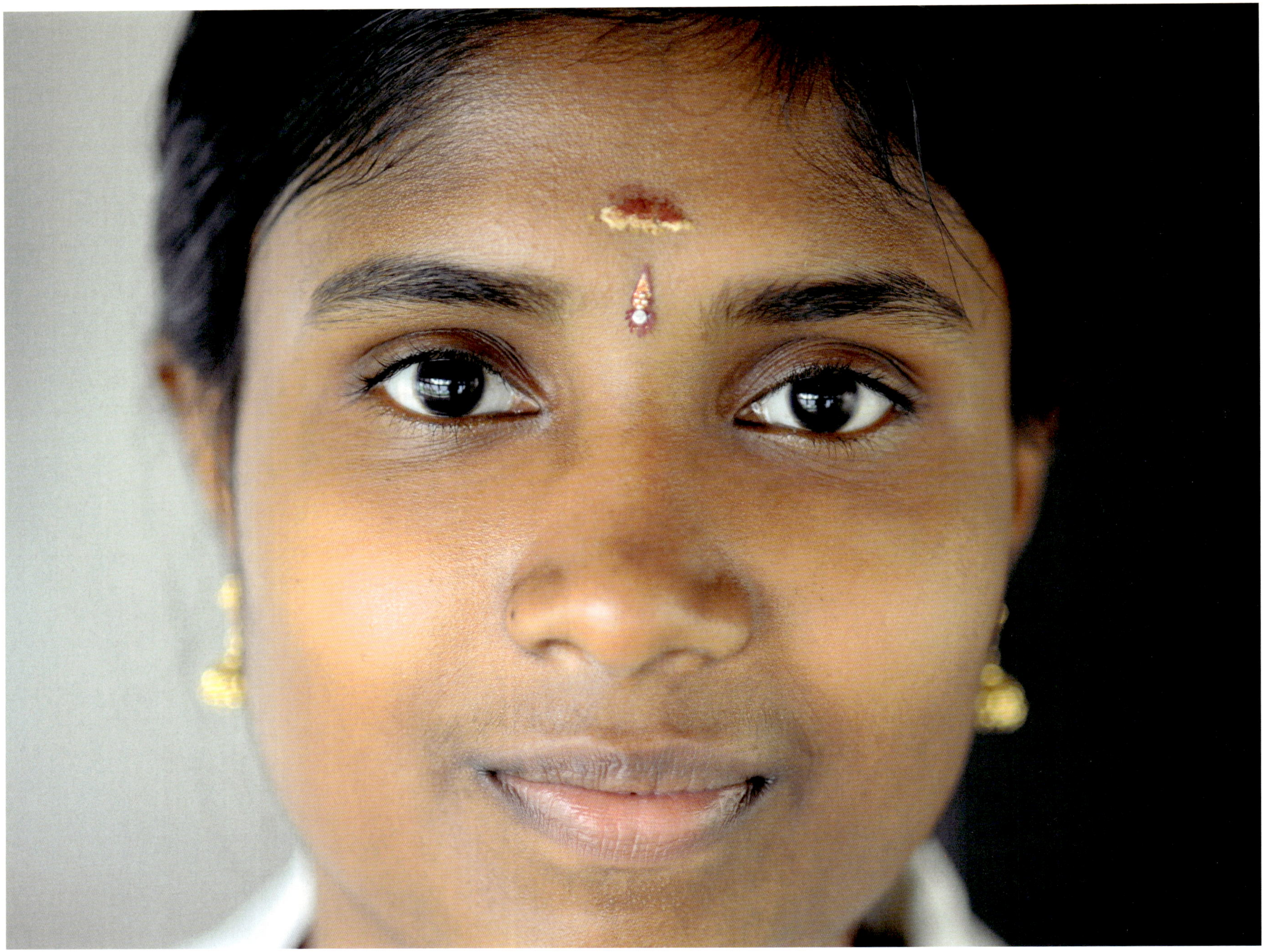

Uzhichil

Bei dieser Behandlung übt der Therapeut gezielten Druck auf die Marmas aus, die Vitalpunkte des Körpers. Es handelt sich um eine Massage des ganzen Körpers mit medizinischem Öl, die die Vitalpunkte stimuliert. So werden physische und mentale Blockaden gelöst, die Blutzirkulation und der Fluss der Lebensenergie Prana angeregt und damit die Selbstheilungskräfte des Körpers aktiviert. Nach der Lehre des Ayurveda fließt Prana durch ein feines Netz von Kanälen, die Nadis genannt werden. Um die Nadis auf die Massage vorzubereiten, werden verschiedene Körperstellungen eingenommen. So werden die Nadis gestreckt und durchgängiger gemacht. Die Kalari-Therapeuten nutzen für ihre Arbeit heilende Energie, die sie in der Ausübung der traditionellen Kampfkunst Kalaripayattu sammeln, um sie in den Behandlungen wiederum auf den Patienten zu übertragen.
Die Therapie fängt im Sitzen an, zwei Therapeuten arbeiten synchron und massieren zuerst den Oberkörper und die Arme und anschließend den Kopf. Danach folgen eine Ganzkörpermassage im Liegen und eine Gesichtsmassage, bei der die Marma-Punkte des Gesichts stimuliert werden. Die Auswahl der Kräuteröle wird individuell abgestimmt.
Diese Behandlung ist sehr wirkungsvoll bei Problemen im Bewegungsapparat, z.B. verspannter und verhärterter Muskulatur, Gelenkproblemen, Unbeweglichkeit, Kopfschmerzen und Nervenerkrankungen. Sie gehört auch zu den wirksamsten Verjüngungstherapien.

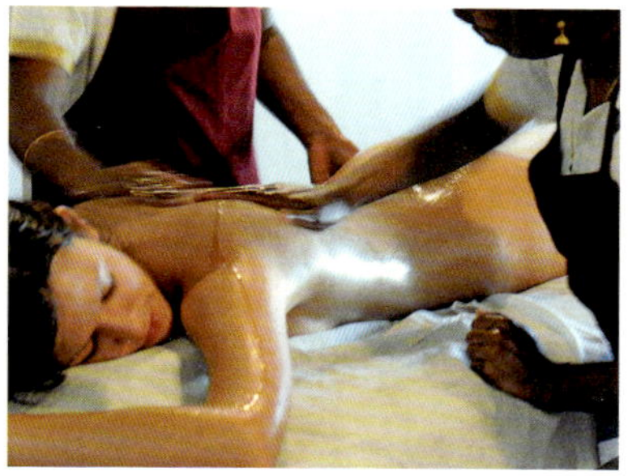

The therapist applies appropriate pressure on the Marmas, the vital parts of the body. It is a full body massage with medicated oil to stimulate these Marma points. This special rejuvenation massage enhances the general circulation of the body and the vital energy Prana. According to the Ayurveda teachings Prana flows through a network of fine subtle channels called Nadis. In order to prepare the Nadis for massage, different body postures will be taken. The therapists use the healing energy gained during the practice of Kalaripayattu, the traditional form of martial arts to transfer it to the patient during treatment. Two therapists will perform a rhythmic synchronic massage.
The treatment begins with the patient sitting on a stool and receiving a massage on the upper body and arms, ending with the head. Once the head massage is complete, the patient will move to the table for a full body massage, followed by a face massage stimulating the Marma points. The objective of Uzhichil is to externally oleate the body to allow easier detoxification. The medicated oil used depends on the physical nature of the patient.
This massage strengthens the tissues, promotes the "Biological Fire" and increases longevity. It stimulates the nervous and circulatory system and relieves back pain and stiffness.

Karnapurnam

Bei dieser Ohrenbehandlung wird medizinisches Öl, abgestimmt auf die Bedürfnisse des Patienten, erwärmt und in ein kleines Kännchen gegossen. Der Arzt träufelt das angenehm temperierte Öl behutsam in das Ohr. Durch die entstehende Stille erlebt der Patient eine tiefe Entspannung. Karnapurnam wird bei Tinnitus, Migräne, Ohrenschmerzen und Nervosität angewendet und reguliert den Hormonhaushalt.

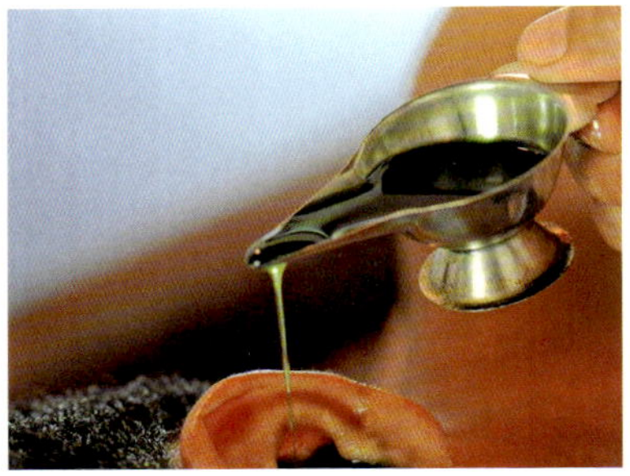

This is a special treatment for the ears. The therapist heats medicated oil and pours it into a small vessel. He pours the warm soothing oil carefully into the patient's ear. Through the ensuing silence the patient experiences a deep sense of relaxation. This treatment is good for ear disorders, headaches, nervous problems and has a positive effect on the whole body by improving the functioning of the endocrine glands.

Shirodhara

Vor dieser äußeren Ölbehandlung wird über den Augenbrauen des Patienten ein schmales Band aus Leinen befestigt, um die Augen vor dem Eindringen der Ölmischung zu schützen. Der Patient liegt auf dem Rücken, über seiner Stirn ist ein kleiner Kessel angebracht, der mit Kräuteröl, Buttermilch oder Milch gefüllt ist. Während die Flüssigkeit durch eine Öffnung im Kessel auf die Stirn des Patienten fließt, schwingt der Therapeut das Gefäß leicht über der Stirn hin und her. Die kontinuierliche Hin- und Her-Bewegung und die ruhige Umgebung wirken tief entspannend. Diese Behandlung eignet sich bei Schlafstörungen, Kopfschmerzen, seelischen Anspannungen, Gedächtnisschwund, bestimmten Hautkrankheiten und bei Vata-Störungen.

Before the patient receives an external oleation, the therapist will tie a small piece of linen cloth around the head to protect the patient's eyes from the leakage of oil. The patient will lie on his back on the table underneath a small hanging vessel filled with medicated liquids like herbal oils, buttermilk or milk. While the liquid runs through a little opening in the vessel, the therapist will move the vessel back and forth over the patient's forehead. Shirodhara is a powerful treatment for relieving mental stress and nervous tension. It strengthens the nervous system and is also a very effective treatment for insomnia, memory loss, migraines and certain types of skin diseases like psoriasis and Vata-disorders.

Urovasthi

Vorbereitend für diese Behandlung wird ein Ring aus Linsenpuderteig auf der Brust fixiert. Anschließend gießt der Therapeut warmes, medizinisches Öl ein. Um die Temperatur konstant zu halten, wird dieses Öl immer wieder ergänzt. Die Behandlung dauert etwa 45 Minuten und lindert Schmerzen der Brustmuskulatur. Sie ist sehr wirksam bei Atemproblemen wie Asthma.

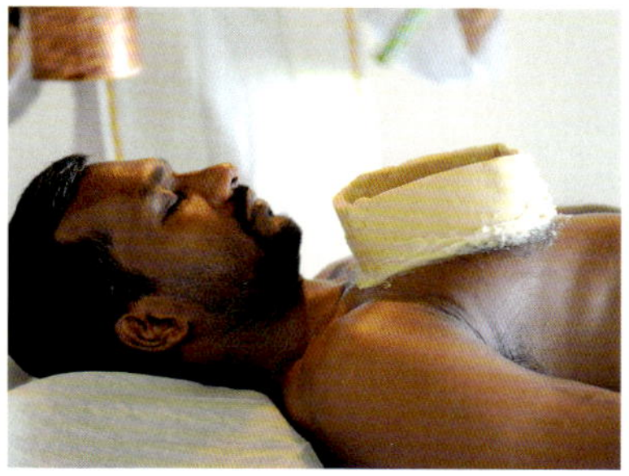

The therapist will first form a well with green gram flour paste on the chest of the patient. Then he will pour in specially prepared warm medicated oil. In order to keep the temperature constant the oil will be changed regularly during the 45-minute treatment.
It is a stimulating and therapeutic treatment for muscular chest pain and respiratory problems like asthma.

Chavutti thirumal

Diese Massage wurde von Praktizierenden des Kalarikampfsports entwickelt, um den Körper für die Ausübung des Kalaripayattu weich und biegsam zu halten und Verletzungen zu behandeln. Sie eignet sich besonders für Personen, die regelmäßig Sport treiben.
Der Therapeut massiert den Körper mit einem Fuß, während er mit dem anderen Fuß und einem gespannten Seil die Balance hält. Die Massage wird in langen, kraftvollen und streichenden Bewegungen von Kopf bis Fuß ausgeführt. Durch die Fußfläche entsteht ein angenehmer Druck, der je nach Bedarf angepasst wird. Diese Behandlung kann die Wirbelsäule von Blockaden befreien, Muskelversteifungen lockern und Kreislauf sowie Immunsystem anregen.

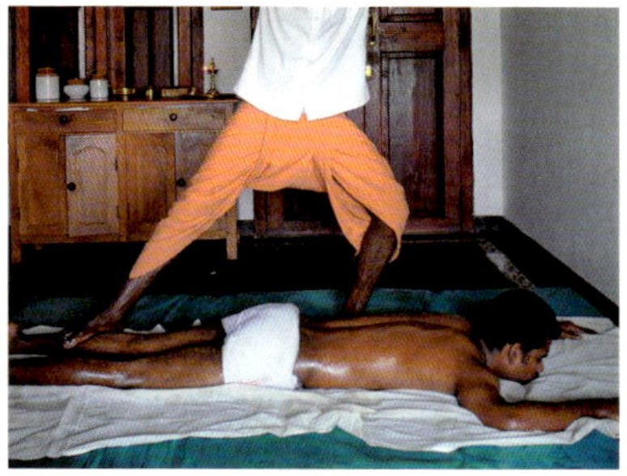

This Indian rope massage was developed by the Kalari practitioners for maintaining flexibility and strength in the body and treating pain and swelling. It is suitable for persons who do regular and strenuous physical exercise.
Long sweeping movements from the fingers to the toes of the patient are incorporated with varying degrees of pressure. It can relieve serious back problems and stimulate the flow of vital energy. The treatment is given by the therapist suspending his weight from ropes overhead and applying pressure with long strokes of the soles of his feet.

Svedana

Die Person sitzt in einer speziell angefertigten Schwitzkammer aus Neemholz. Für das Schwitzbad werden Blätter auserlesener Kräuter gesiedet und deren Dämpfe dem Körper zugeleitet. Durchblutung und Stoffwechsel werden dabei angeregt, die durch die vorangegangenen Massagen gelösten Giftstoffe abtransportiert und ausgeschwitzt.

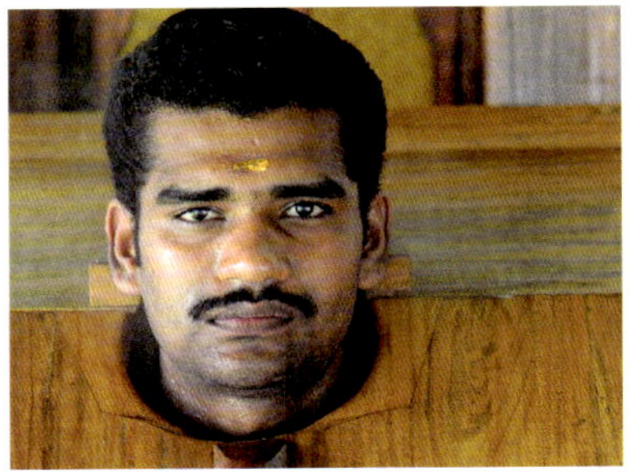

The patient sits in a steam chamber made of Neem timber and takes a steambath made of diaphoretic herbs which induce perspiration. Sweating will help to restore circulation and eliminate the toxins.

Njavarakizhi

Der Körper erhält zunächst eine Entspannungsmassage mit warmem, mildem Öl. Danach werden von Hand hergestellte Reisbeutel in warme mit Kräutern abgekochte Milch getaucht. Die Sorte Reis, die dazu verwendet wird, wächst nur in Kerala. Mit den dampfenden Reissäckchen streichen die Therapeuten in rhythmischen Bewegungen über die Haut. Diese Behandlung wird in sieben verschiedenen Sitz- und Liegepositionen durchgeführt. Die Poren der Haut werden geöffnet, der Kreislauf angeregt und der Körper zum Schwitzen gebracht. Der Körper wird gleichzeitig entgiftet und genährt.
Diese Behandlung wird angewendet bei Nervenbeschwerden und -krankheiten, Rückenschmerzen, Magen-Darm-Problemen, Frauenkrankheiten und zur Förderung der Beweglichkeit von Knochen, Sehnen und Muskulatur. Sie hält den Körper jung und gesund.

The therapist will first apply warm mild oil and give a short relaxing massage to the patient. Warm „Njavara" rice dipped in warm milk with herbal decoction is squeezed out through a cotton pouch and massaged on to the whole body. With the steaming rice pouches the therapist strokes the skin using rhythmical movements. This treatment increases the perspiration and at the same time the rice and herb mixture infuse their properties into the body tissues and nourish them. This revitalizes the deficient areas of the body and promotes longevity. It is very effective for treating paralysis, neurological, digestive and gynecological diseases and helps to keep the body young and healthy.

Shirovasthi

Ausgesuchte warme Kräuteröle werden bei dieser Behandlung in eine hohe Kappe gegossen, die durch verschiedene Wickel um den Kopf hergestellt wird. Je nach Verfassung der zu behandelnden Person wird dieser Ölguss täglich 40 Minuten über einen Behandlungszeitraum von sieben Tagen durchgeführt. Gute Heilerfolge ergeben sich bei stechenden Kopfschmerzen und anderen Beschwerden im Bereich des Kopfes. Häufig angewendet wird Shirovasthi bei Burn-out-Syndrom, Nervosität, Stress und Schlafstörungen.

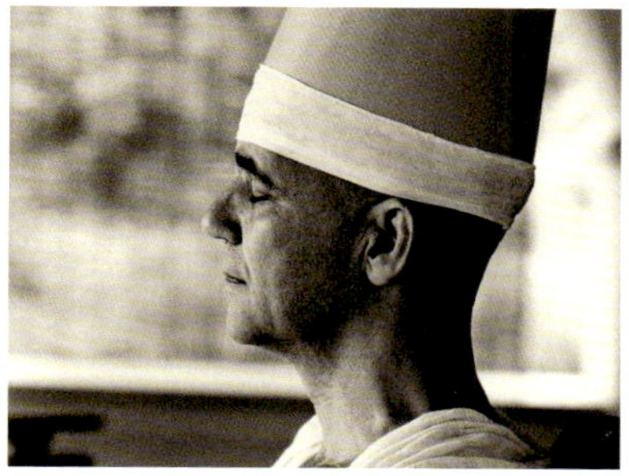

Using black gram paste and a sheet of paper, the therapist forms a crown on the patient's head. This cap will be used as a pool or well for the medicated oil which has to be kept on for 40 minutes and repeated for the next seven days. This treatment is highly beneficial for psychological problems, nervous disorders, insomnia and stress.

Akshi tarpanam

Akshi bedeutet Augen und Tarpanam nährend. Diese Therapie entspannt die Augen und verstärkt die Sehkraft. Sie ist sehr wirksam bei brennenden, Augen und „klärt den Blick". Nachdem der Therapeut einen Teigdamm in Form einer „Taucherbrille" um die Augen gelegt hat, gießt er medizinisches Ghee über die Augen. Der Patient soll sie langsam öffnen und wieder schließen.

Akshi means eyes and Tarpanam means nutrition. This treatment provides a relaxing effect to the eyes and strengthens the eyesight. It is very effective in treating cataracts, conjunctivitis, refractive errors and naso-lacrymal blocks. Fresh black gram flour paste is applied around the eyes. The therapist pours medicated Ghee over the eyes and asks the patient to slowly open and close his eyes.

Kateevasthi

Ähnlich wie beim Urovasthi wird hier ein Becken aus Kichererbsenteig auf die Lendenwirbelsäule gesetzt, abgedichtet und mit warmem Öl gefüllt. Das medizinische Öl wird regelmäßig gewechselt, um die Temperatur konstant zu halten. Diese schmerzlindernde Behandlung ist sehr wirksam bei Ischiasbeschwerden, Rücken- und Nervenschmerzen und wird häufig bei Bandscheibenvorfällen angewendet.

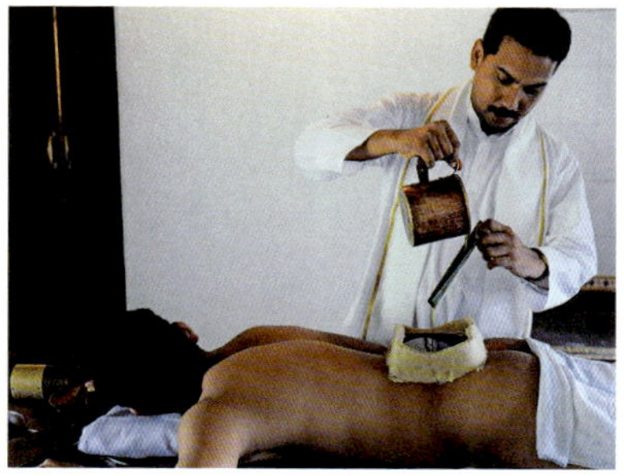

Using chickpea flour paste the therapist will sculpt a well structure on the lower back of the patient. Warm medicated oil will be poured in and replaced periodically to keep the temperature of the oil stable. This pain-reducing treatment strengthens the nerves and is very effective for chronic back-ache, sciatica, lumbago and weakness in the lower limbs.

Avagaham

Der Körper wird zunächst mit medizinischem Öl massiert. Zugleich wird ein Bad mit einem Sud aus Kräutern vorbereitet. Die Person entspannt sich 45 Minuten im Wasser, das konstant warm gehalten wird. Diese Behandlung eignet sich für Rückenbeschwerden, Arthritis, Magen-Darm-Beschwerden und verschiedene Frauenkrankheiten.

The therapist will first give a massage with specific oil to the patient. Then he will prepare a bath made of a decoction of plants with medicinal properties. The patient sits in the tub for 45 minutes and the temperature has to be kept constant. This is a special treatment for lower back pain, arthritis, gastrointestinal problems and various gynecological disorders.

Dasamoola ksheera dhara

Für diese Form der Schwitztherapie (Svedana) wird eine individuelle Milch-Kräuter-Abkochung vorbereitet. Nach dem Einölen gießen zwei Therapeuten die Flüssigkeit synchron aus einem Gefäß über den Körper. Ein weiterer Therapeut sorgt für kontinuierlichen Nachschub und Erwärmung der Milch-Kräuter-Mischung. Die behandelte Person wird in sieben unterschiedlichen Sitz- und Liegepositionen begossen. Diese Therapie ist besonders geeignet bei Arthritis, Rheuma, schmerzhaften Entzündungskrankheiten. Sie nährt die Haut, stärkt das Gewebe und verjüngt den Körper.

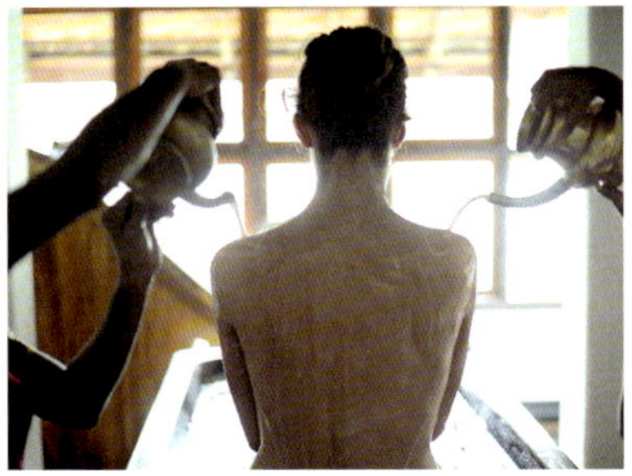

This treatment consists of the continuous pouring of warm decoction on the body, and is related to the sweating therapies (Svedana). A specific milk-herb-decoction is prepared. Once the patient is externally oleated the therapists will pour warm medicated milk in a rhytmic manner over the patient. This massage will be given in seven different postures to ensure that every area of the body is treated. This treatment strengthens the tissues and drives away body pain while activating sweating. It nourishes the skin, promotes longevity and rejuvenates the body.

Elakizhi

Für diese Behandlung werden Kräuterstempel in medizinischem Öl auf etwa 100 °C erhitzt. Die Therapeuten klopfen und ziehen die Stempel in rhythmischen Bewegungen über die zuvor eingeölte und massierte Haut. Dies vermittelt der Haut die Empfindung einer Verbrennung, die jedoch in Wirklichkeit nicht stattfindet. Die Anwendung macht sich die Selbstheilungskräfte des Körpers zunutze. Durch die simulierte Verbrennung wird die Zellerneuerung angeregt. Außerdem sorgt die hohe Temperatur des Stempels dafür, dass sich die Poren der Haut schnell öffnen und die Pflegestoffe der Kräuter und Öle somit tief in die Haut eindringen können. Diese Massage unterstützt Gelenke und Bindegewebe und lindert schmerzhafte Schwellungen.

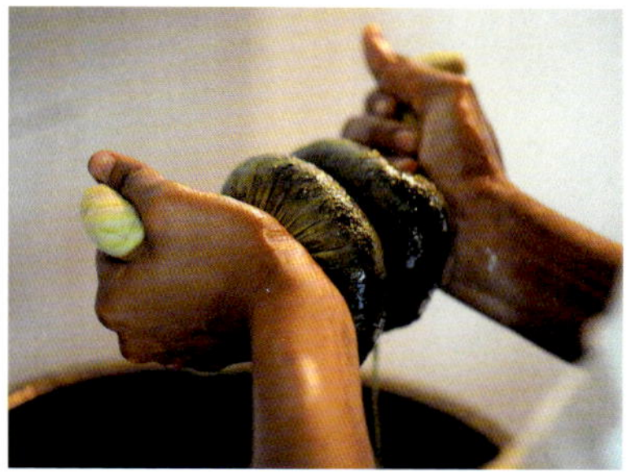

The patient lies in a comfortable position and the therapists will begin the treatment with an external oleation. Then they will rub and tap the body with warm pouches filled with leaves dipped in medicated oil. The temperature should be high and will be adjusted to the patient's tolerance to heat. The body increases its production of new cells with the heat. By opening the capillaries and the pores of the skin, this treatment increases perspiration and helps the skin to eliminate wastes. At the same time the medicated leaves and oil provide a curative and rejuvenative effect. This massage is used to tackle joint pain, disc prolapse, muscle cramps, arthritis and paralysis.

Vajrasana

Auf dem Boden knien. Die Fußspitzen berühren sich, die Fersen werden auseinander gehalten. Auf der Innenseite der Füße sitzen, die Fersen berühren das Becken. Hände flach auf die Knie legen, Rücken und Kopf gerade und entspannt halten. Augen schließen und sich auf den Atem konzentrieren.

Kneel on the floor. Keep your toes together and heels separated. Lower the buttocks onto the inside surface of the feet with the heels touching the sides of the hips. Place the hands on the knees, palms down. Back and head should be straight but not tense. Close the eyes and breathe normally and fix the attention on the flow of air passing in and out of the nostrils.

Roaring lion pose

Auf dem Boden knien und die Hände zwischen den auseinander gehaltenen Knien flach auf den Boden legen. Augen schließen und langsam einatmen. Beim Ausatmen den Kopf leicht nach hinten bewegen, die Zunge ausstrecken und das Brüllen eines Löwen nachahmen. Diese Übung löst emotionale Spannungen, beruhigt die Seele und baut Selbstvertrauen auf.

Kneel on the floor and keep your hands palms down between your separated knees. Close the eyes and breathe in calmly. When breathing out move your head slightly backwards, stretch out your tongue and imitate the sound of a lion. This exercise calms the mind, removes stress and emotional tension and gives confidence.

Butterfly pose

Sitzen mit aneinandergelegten Fußsohlen, die Füße möglichst nah an den Körper gezogen. Die Hände halten die Füße. Normal aus- und einatmen. Die Knie ungefähr 25-mal nach oben und nach unten bewegen.

Sit upright, bend both knees allowing them to fall out to the sides. Bring the soles of the feet together, palms clasping the toes, move both knees together upwards and downwards. Bring the heels as close as possible to the body. Inhale and exhale normally. Repeat the practice 25 times.

Shoulder rotation

Im Sitzen die Arme auf Schulterhöhe heben und die Finger auf die Schultern legen. Mit den Ellenbogen Kreise formen, zuerst in die eine und dann in die andere Richtung. Einatmen, wenn die Ellenbogen den oberen Halbkreis formen und ausatmen beim unteren Halbkreis. Fünfmal in jede Richtung.

Keep the arms at shoulder level out to the side. Bend your arms to allow your fingers to touch your shoulders. Rotate your elbows bringing them together in the middle of your chest. Inhale on the upward stroke and exhale on the downward stroke. Repeat the sequence 5 times in both directions.

Humming bee

Bequem auf dem Boden sitzen. Rücken und Kopf gerade halten, Augen schließen und entspannen. Arme seitlich hochheben, Ellenbogen dabei beugen und die Ohren mit beiden Zeigefingern verschließen. Still halten und einatmen. Vollständig und langsam ausatmen und dabei das Summen einer Biene nachahmen. Die Vibrationen, die durch diese Ausatmungsart entstehen, wirken sehr beruhigend.

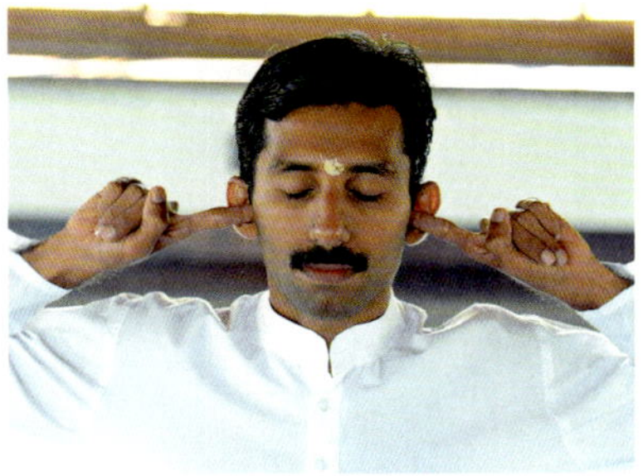

Sit in a comfortable meditative position. Keep the spine and head in a straight position, eyes closed and body relaxed. Raise the arms sideways, bend the elbows and plug your ears with the index fingers. Keep your body still and breathe in through the nose. Exhale slowly and in a controlled manner whilst making a deep steady humming sound like that of the black bee. Repeat the process 10 times.

Alternate nostril breathing

Auf dem Boden bequem mit gekreuzten Beinen oder in Vajrasana sitzen. Rücken gerade und Augen geschlossen halten. Das rechte Nasenloch mit dem Daumen verschließen und mit dem linken Nasenloch einatmen. Das linke Nasenloch jetzt mit dem Ringfinger verschließen, das rechte Nasenloch wieder öffnen und ausatmen. Danach durch das rechte Nasenloch wieder einatmen, mit dem Daumen verschließen und durch das linke Nasenloch wieder ausatmen. Einatmung und Ausatmung sollten gleich lang sein. Zehnmal wiederholen.

Sit straight, keep your head and spine upright, relax your body and close your eyes. Close the right nostril with the thumb and breathe in through the left nostril. Close the left nostril with the ring finger, release the pressure of the thumb on the right nostril and breathe out through the right nostril. Next, inhale through the right nostril, close the nostril with the thumb again and breathe out through the left nostril. The time for inhalation and exhalation should be equal. Practice 10 rounds while counting your breath in for a comfortable length of time.

Foto: privat

Michele Volkhardt

lebt nach mehreren Indienreisen Ayurveda und Yoga Tag für Tag. Sie interessiert sich besonders für das Einfühlen in den Menschen und die heilende Berührung mit den Händen (Massage, Fußreflexologie) sowie für gesunde Ernährung. Im Kalari Kovilakom hat sie eine tiefgreifende eigene Heilungserfahrung gemacht. Ihr persönliches Anliegen ist es, Ayurveda zum Nutzen aller zugänglich zu machen. Individuelle gesunde Gewohnheiten in den Alltag aufzunehmen ist der erste Schritt dazu.

After several journeys to India, Michele Volkhardt is now dedicated to live Ayurveda and Yoga everyday. Her special interest is directed towards the sensitive approach of others, the healing touch of the hands (massages and reflexology), as well as the nutritional education. At the Kalari Kovilakom she had a deep healing experience. Her utmost wish is to make Ayurveda accessible to everyones benefit. To integrate individual, wholesome habits into the daily routine is surely the first step.

Foto: Mona Müller-Kähler

Constanze Wild

ist 1965 in Edenkoben geboren. Die Mutter von zwei Töchtern ist seit 1998 als freie Fotografin und Künstlerin international tätig. In ihren Bildern ist die Authentizität des Augenblicks spürbar. So hat sie auch die Unmittelbarkeit und Authentizität, mit der Ayurveda im Kalari Kovilakom gelebt und praktiziert wird, zu diesem Bildband inspiriert. „Es ist jedes Mal ein Herantasten an das Gegenüber, eine Art von unsichtbarer Berührung, ein in Kontakt treten mit seiner Seele." In ihrem künstlerischen Schaffen legt sie großen Wert darauf, mit ihren Bildern Impulse der Freude, Stille, Schönheit, Inspiration und des Friedens zu geben. Dies ist in zahlreichen Ausstellungen und Veröffentlichungen zu unterschiedlichen Themenbereichen sichtbar.

www.constanze-wild.de

born 1965 in Edenkoben and mother of two daughters, is working as a freelance photographer and artist since 1998. In her pictures the authenticity of the moment is perceptible. The directness and authenticity of Ayurveda demonstrated and practiced in Kalari Kovilakom inspired her to create this book. „Everytime it is a careful approach to the vis-à-vis, an invisible contact, that connects you with its soul." With her pictures and photographs Constanze Wild wants to create moments of joy, beauty, stillness, inspiration and peace, which becomes visible in her various exhibitions and publications.

www.constanze-wild.de

Danksagungen

Unser Dank gilt all jenen Persönlichkeiten und Mitarbeitern des Hauses Kalari Kovilakom, die uns so bereitwillig und engagiert an ihrem Wissen und ihrer Erfahrung teilhaben ließen.

Besonders bedanken möchten wir uns bei:

Prinzessin Jaishree Ramchandran für ihre lebendigen Erzählungen über ihre Familie und die Geschichte des Hauses.
Mr. Jose Dominic für seine Inspiration und Unterstützung, Einblicke in die indische Kultur und Heiltradition zu vermitteln.
Dr. Kanhirala Jouhar für seine medizinischen Erklärungen und sein Engagement, Ayurveda verständlich und zugänglich zu machen.
Sreejith für seine liebevolle Unterstützung.
Narayanan Nair, der uns in die Geheimnisse der ayurvedischen Kochkunst eingeweiht hat.

Michele Volkhardt dankt

allen, die ihr während des Schreibens stets diskret im Hintergrund zur Seite standen, insbesondere Hansjörg Volkhardt, Benedikt Foit, Birgit Edinger und Debbie Watson.

Constanze Wild dankt

allen voran Hans-Jürgen Fug-Möller, der sie motiviert hat, diesen Bildband zu realisieren.
Angela Thomaschik, die das Projekt mit Engagement und Freude weiter betreut hat.
Angelika Hermann-Meier, für die intensiven Gespräche zum Thema Ayurveda und die Präsentation des Kalari Kovilakom als das geeignete Resort für unser Vorhaben.
Elke Wallner für ihren Zuspruch und tatkräftige Unterstützung.
Rita Wallner für ihren Einsatz als Modell und ihre Assistenz auf unserer Reise.
Jorge Schmidt für sein Know-How und konkrete Hilfe in der Anfangsphase.
Robert Weissenbacher für das Konzipieren des Designs und die Feinfühligkeit im Umgang mit den Bildern.
Amanda Bender für die engagierte Bildbearbeitung und Druckvorbereitung.
Markus Kolloch für seinen Rat und Unterstützung bei digitalen Herausforderungen.
Frank Hannewacker für die s/w Prints.
Michael, Wilfried, Helge, Leonidas sowie allen engagierten Therapeuten, Ärzten, Yogalehrern und Mitarbeitern, die sich für das Fotoprojekt zur Verfügung gestellt haben.
Cherry P. Cherrian für die Gespräche und Koordination vor Ort.
.... der indischen Kultur für ihre Bewahrung, Pflege und Verbreitung der Ayurvedischen Tradition.

Acknowledgements

We gratefully thank all the people and staff members of Kalari Kovilakom who willingly shared their knowledge and experience with us.

We would especially like to thank:

Princess Jaishree Ramchandran for the lively stories about her family and the history of the house.
Mr. Jose Dominic for his inspiration and assistance to provide insight into Indian culture and healing traditions.
Dr. Kanhirala Jouhar for his medical explanations and his commitment in making Ayurveda intelligible and accessible.
Sreejith for his affectionate and caring support.
Narayanan Nair, who introduced us to the secrets of ayurvedic cuisine.

Michele Volkhardt wants to express her gratitude to

all who, during her writing, discretely remained at her side, especially Hansjörg Volkhardt,
Benedikt Foit, Birgit Edinger and Debbie Watson.

Constanze Wild wants to express her thanks to

Hans-Jürgen Fug-Möller for his ongoing encouragement in the realization of this book.
Angela Thomaschik for her passionate engagement and joyous participation.
Angelika Hermann-Meier PR, for intensive talks on the topic of Ayurveda und her proposal to use the
Kalari Kovilakom as the appropriate resort for our purposes.
Elke Wallner for her encouragement and her energetic support.
Rita Wallner for posing as our model und assisting us during our trip.
Jorge Schmidt for his know-how und concrete help in the initial phase of our project.
Robert Weissenbacher for creating the design and his sensitive way of working with the pictures.
Amanda Bender for her commited picture editing und print preparation.
Markus Kolloch for his advice and support when confronted with digital difficulties.
Frank Hannewacker for the black and white prints.
Michael, Wilfried, Helge, Leonidas as well as all the therapists, doctors, Yoga teachers and
staff members, who volunteered for the photo project.
Cherry P. Cherrian for the interesting conversations and for coordinating the activities on site.
.... the Indian Culture for the conservation, care and spread of the ayurvedic tradition.

IMPRESSUM

Besuchen Sie uns im Internet www.umschau-buchverlag.de

Fotografie
Constanze Wild, München

Text
Michele Volkhardt, München

Design und Satz
Robert Weissenbacher, München

Reproduktion
Helio Repro GmbH, München

Druck und Verarbeitung
NINO Druck GmbH, Neustadt an der Weinstraße

Printed in Germany
ISBN: 978-3-86528-664-2

ClimatePartner
klimaneutral gedruckt

Die CO2-Emissionen dieses Produkts wurden durch CO2-Emissionszertifikate ausgeglichen.

Zertifikatsnummer:
302-53203-0910-1088
www.climatepartner.com

Mix
Produktgruppe aus vorbildlich bewirtschafteten Wäldern und anderen kontrollierten Herkünften
www.fsc.org Zert.-Nr. SCS-COC-001096
© 1996 Forest Stewardship Council

Mit dem Ausgleichsbetrag für den entstandenen CO2-Ausstoß beim Druckprozess dieses Buches wird der Bau einer Wasserkraftanlage in Pueblo Nuevo Vinas, Guatemala unterstützt.

ISBN: 978-3-86528-664-2

9 783865 286642